Hacker

Curriculumplanung und Lehrerrolle

Hartmut Hacker

Curriculumplanung und Lehrerrolle

Beltz Verlag · Weinheim und Basel

Die vorliegende Arbeit wurde unter demselben Titel im Februar 1974 von der Philosophischen Fakultät der Friedrich-Alexander-Universität zu Erlangen-Nürnberg als Dissertation angenommen.

D 29

2. Auflage 1976

Gesamtherstellung: Beltz, Offsetdruck, 6944 Hemsbach über Weinheim
Printed in Germany

ISBN 3 407 54020 5

Vorwort

Mein Interesse gerade an dieser sehr aktuellen Problematik resultiert nicht allein daraus, daß sich augenblicklich viele Wissenschaftler und Bildungspolitiker, Schulbuchautoren und Praktiker durch theoretische Reflexion oder praktisches Engagement an diesem Thema versuchen. Die Anstöße sind mit dem persönlichen beruflichen Werdegang eng verknüpft: Zunächst erfuhr ich die Isolation, in der sich die berufliche Sozialisation des Lehrers vollzieht, am eigenen Leibe, und jetzt, inzwischen in der Lehrerausbildung tätig, entdecke ich die sehr begrenzten Möglichkeiten dieser Institution, eine sich in der späteren Praxis bewährende berufliche Professionalität des Lehrers auch nur anzubahnen. Die vielen strukturellen Zwänge, denen gut gemeinte persönliche Initiativen immer wieder erliegen, sind ja inzwischen zumindest in den Fachkreisen hinreichend bekannt, wenn auch noch nicht genügend diskutiert und auf ihren möglichen Abbau hin „abgeklopft".

Es nimmt daher nicht Wunder, wenn die unterrichtsrelevanten wissenschaftlichen Disziplinen, die der Erwartung der Öffentlichkeit auf Innovation am stärksten ausgesetzt sind, zunächst in Überschätzung ihrer tatsächlichen Möglichkeiten den Versuch unternahmen, Unterricht in seiner Planungs- und Vollzugsdimension selbst in Regie zu nehmen, da die Lehrer für sie kaum faßbar waren. Die Curriculumforschung ist indessen nur *ein* Bereich, in dem derartige Gefahren deutlich werden; gegenwärtig bahnt sich eine ähnliche Tendenz in der Diskussion um die Unterrichtsmedien an.

Der hier entwickelte Ansatz versucht jedenfalls, die Voraussetzungen beim Lehrer in den Mittelpunkt zu stellen. Zugegeben: Es konnte nichts Fertiges und schon gar nicht empirisch Bewährtes vorgestellt werden. Einen Beitrag zur Diskussion zu stellen, der Gegebenes problematisiert und an einer Stelle ein Stück weiterzukommen hofft, war die Absicht. Daß eine Reihe interessanter Beiträge nicht mehr berücksichtigt werden konnte, weil das Manuskript bereits im Spätsommer 1973 abgeschlossen werden mußte, bedaure ich sehr. Aber gerade der kritische Leser wird in diesem Punkte Nachsicht üben, da er weiß, welche Zeiträume heute zwischen Manuskriptabschluß und Veröffentlichung verstreichen.

Die vorliegende Arbeit wurde im Wintersemester 1973/74 unter dem gleichen Titel von der Philosophischen Fakultät der Friedrich Alexander-Universität Erlangen-Nürnberg als Dissertation angenommen. Mein besonderer Dank gilt in diesem Zusammenhang Herrn

Prof. Sünkel für die vorzügliche Betreuung, die sowohl in fachlicher wie in menschlicher Hinsicht über das bekannte und gewohnte Maß hinausging.

Erlangen, im August 1974 Der Verfasser

Inhaltsverzeichnis

Einleitung

Die Feststellung ROBINSOHNs, die Rolle des Lehrers als Mitarbeiter an der Curriculumentwicklung sei nirgends befriedigend geklärt (1), enthält ein überraschendes, problematisches und delikates Moment zugleich.

Zunächst überrascht, daß gerade die Funktion des Lehrers in Frage gestellt wird. Denn er stellte bislang die Hauptinstanz des Unterrichts dar und galt als kompetent und verantwortlich für dessen Planung. Es verwundert zudem, daß unversehens die Entscheidung über Unterrichtsinhalte von deren Einlösung in den Unterrichtsvollzügen getrennt werden soll. Schließlich darf man doch auch dem Lehrer, wie jeder anderen Instanz, in deren Zuständigkeit solche Entscheidungen künftig fallen sollen, ein hohes Maß an gesellschaftlicher Verantwortung zutrauen, ohne ihn gleich zu verdächtigen, er entscheide nur aus einer wie auch immer gemeinten „pädagogischen Autonomie".

Problematisch ist indessen der Grund, welcher für den Ausschluß des Lehrers angeführt wird: Man behauptet, ihm fehle für solche Aufgaben eine entsprechende Kompetenz. Fragwürdig ist ein derartiges statement schon deshalb, weil man eine Kompetenz nicht naturhaft besitzt, sondern durch Qualifikationen und Aktivitäten erwirbt. Wenn also gegenwärtig dem Lehrer eine Kompetenz für Curriculum-Entwicklungsarbeiten fehlt, so kann das seinen Grund nur darin haben, daß die Struktur seines Berufsfeldes den Erwerb einer derartigen Kompetenz nicht zuläßt oder/und daß seine Ausbildung ihn auf solche Aufgaben nicht vorbereitet hat.

An dieser Stelle allerdings wird die Feststellung von ROBINSOHN delikat: Denn die Wissenschaft, die dem Lehrer fehlende wissenschaftliche Qualifikation vorwirft, hat ja selbst ein Versäumnis auf ihrem Konto: Sie hat während der Ausbildung die nötigen Qualifikationen nicht geschaffen. So gesehen ist also nicht das Verhältnis des Lehrers zur Wissenschaft in einer Krise, sondern eher das der Wissenschaft zum Lehrer.

Die Problematik ist darum viel grundsätzlicher. Es geht gar nicht nur um eine Klärung seiner Funktion bei den Entwicklungsaufgaben und um eine möglichst exakte Abgrenzung gegenüber anderen Instanzen. Vielmehr implizieren die meisten Curriculumansätze umfassende Ansprüche auf Bewältigung der Unterrichtspraxis und geraten dadurch mit dem Zentrum seiner beruflichen Tätigkeit in Konflikt. So wird hier letztlich das professionelle Selbstverständnis des Lehrers in Frage gestellt. Daraus ergibt sich eine notwendige Konsequenz: weil die Kompetenz- und Professionalitätsproblematik in der Curriculumforschung mitgestellt ist, muß sie mitbeantwortet werden. Gerade hier aber sind die entscheidenden Desiderate. Sie sollen in dieser Arbeit im Detail herausgearbeitet werden; anschließend wollen wir versuchen einer Lösung des Problems näherzukommen. Das ist freilich nicht möglich, ohne die Ursachen darzulegen, welche eine praktische Orientierung der Wissenschaft fordern, sowie deren Voraussetzungen zu prüfen.

Es ist deshalb unumgänglich die heute von der Bildungsökonomie herausgearbeiteten Postulate gegenüber dem Unterricht kurz nachzuzeichnen, weil darin - so zunächst unsere Vermutung - eine Erklärung für die Ansprüche der Curriculumforschung zum Vorschein kommt und weil deren Forschungs- und Planungsaktivitäten und deren Organisation von da her motiviert sind. Dennoch scheint die entscheidende Frage zu sein, ob und inwieweit die Unterrichtswissenschaft bildungsökonomische Forderungen aufzunehmen bereit ist und entsprechende wissenschaftliche Aktivitäten einleitet. Ist sie geneigt, sich ihnen als gefügig zu erweisen? Wird dadurch ihr Selbstverständnis verändert? In welcher Weise geschieht das?

Derlei Fragen machen indes auf eine zweite für die Erschließung unserer Fragestellung wesentliche Voraussetzung aufmerksam: Wenn die Didaktik der „Curriculum-Aera" ein neues, anderes Selbstverständnis des Lehrers hervorbringt, so ist zu fragen, wie die Didaktik der „präcurricularen Epoche" den Lehrer sah; denn nur aus der Gegenüberstellung werden die Veränderungen sichtbar.

Entgegen der Gewohnheit erfolgt deshalb die Entwicklung der Fragestellung an dieser Stelle nicht. Denn eine differenzierte Sichtweise ergibt sich erst, wenn die bildungsökonomischen und unterrichtswissenschaftlichen Aspekte und Hintergründe entfaltet sind.

Teil I
Problemstellung

1 Curriculumforschung und Bildungsökonomie

Bereits E. WENIGER ist in seiner didaktischen Theorie davon ausgegangen, daß bei der Behandlung von Lehrplanfragen sozioökonomische und bildungspolitische Aspekte berücksichtigt werden müssen (2). Doch konnte er als geisteswissenschaftlicher Pädagoge seine Diskussion noch aus der Distanz führen; denn er brauchte als Wissenschaftler nicht unmittelbar in das Geschehen einzugreifen; er hatte ganz im Sinne der hermeneutischen Methode die Aufgabe zu analysieren, zu beschreiben und zu deuten was vorging.

In der gegenwärtigen Situation indessen dürfte sich eine solche wissenschaftliche Abstinenz nicht länger aufrechterhalten lassen. Inzwischen sind nämlich die Diskrepanzen zwischen den Ergebnissen von institutionalisierten Lernprozessen und der ökonomischen Entwicklung offenkundiger geworden, und der Druck und die Anforderungen von seiten der Verantwortlichen für die gesamtwirtschaftliche Entwicklung sind im selben Maße gewachsen, wie man die gegenseitige Abhängigkeit von Wirtschaftssystem und Bildungssektor erkannte. Soll das wirtschaftliche Wachstum weiterhin gesichert sein, so lautet die lapidare These, so kann dies nicht mehr über eine Erweiterung von Kapital und Arbeit erfolgen, sondern nur noch über eine bessere Qualität des Faktors Arbeit. Wenn es also möglich ist, im Ausbildungswesen höhere Qualifikationen zu produzieren, so gewinnt dieser Sektor für die ökonomische Planung eine erhöhte Bedeutung. Diesbezügliche Interdependenzen haben inzwischen zu wissenschaftlichen Aktivitäten geführt, die in einem Grenzbereich von Wirtschafts- und Erziehungswissenschaft angesiedelt sind: der Bildungsökonomie. Obschon die junge Wissenschaft noch keine geschlossene Theorie aufweist, läßt sich doch bereits ein Programm darstellen. Zwei Schwerpunkte bilden sich dabei augenblicklich heraus:

„1. Das Wirtschaftswachstum ist in zunehmendem Maße von der Qualifikation der Arbeitskräfte abhängig. Deshalb sind die Interdependenzen von Bildungs- und Wirtschaftssystem aufzuhellen.

2. Die Ausgaben für Bildung, insbesondere der Anteil der staatlichen Ausgaben für das Bildungswesen in bezug auf das gesamte Etatvolumen und/oder das Volkseinkommen, hat einen Umfang angenommen, der die Beobachtung ökonomischer Prinzipien im Bildungswesen dringend erfordert" (3).

Beide Aspekte der Bildungsökonomie stellen gleichzeitig entscheidende Prämissen der Curriculumforschung dar: das Interesse an den Qualifikationen der Arbeitskräfte bei gleichzeitiger Zuwendung zum Bildungssektor zielt auf die Inhalte schulischer Lernprozesse ab. Darüberhinaus konzentriert sich die Aufmerksamkeit der Ökonomie nicht mehr nur auf den output des Bildungssektors; es kommt angesichts der erheblichen finanziellen Investitionen (input) ganz entscheidend auf dessen Binnenorganisation an. Damit ist die Frage, wie Curricula im Unterricht realisiert werden, für die Bildungsökonomie von besonderer Relevanz. Beide Tendenzen, sowohl die inhaltliche wie die formal-organisatorische, müssen im folgenden noch detaillierter dargestellt werden, um ihre Konsequenzen für die im Bildungssektor tätigen Akteure ableiten zu können.

1.1 Bildungsplanung im Qualifikationsbereich

Der am ökonomischen Bedarf von bestimmten Qualifikationen orientierte „Manpower"-Ansatz beschränkt sich heute „immer stärker darauf, globale Zieldefinitionen auszuarbeiten, die gesamtwirtschaftlich zulässigen Variationsbreiten der produzierten Qualifikationen zu ermitteln und das technologische Minimum oder das volkswirtschaftliche Optimum der Qualifikationen des Faktors Arbeit zu untersuchen" (4).

Der gerade neu entdeckte Zusammenhang von Qualifikationsstruktur und Wirtschaftswachstum ist indessen weder für die curriculare Theoriebildung noch für die Bildungsökonomie unproblematisch. Die Curriculumforschung, selbst um eine rationale Begründung ihrer Zielsetzungen bemüht, muß feststellen, daß es bereits „außercurriculare Theorien" (5) zu ihrem Gegenstand gibt, und die Bildungsökonomie ist nicht mehr in der gleichen Situation wie die Nationalökonomie, die das wirtschaftliche Wachstum noch mit ökonomischen Rationalverfahren „innerhalb eines neoliberalen Marktmodells" sichern konnte (6). Vielmehr sind nunmehr „ökonomische und administrative Handlungen entscheidungskompetenter Planungs- und Lenkungsinstanzen" notwendig (7).

An dieser Stelle ist jedoch zu fragen, weshalb denn die Ökonomie gerade jetzt auf Zielsetzungen und Inhalte des Ausbildungssektors aufmerksam wird. Wie ist demnach der Entwicklungsstand der Produktion zu beschreiben, der eine solche Konzentration auf dem Bildungssektor rechtfertigen könnte? Und: Hat es nicht auch schon früher Versuche gegeben, die Schule auf die Bedürfnisse der Wirtschaft auszurichten? Von welcher Art sind sie gewesen? Worauf zielten sie? Und was ist das Neue gegenwärtiger Forderungen? Diese Fragen nötigen uns zu einem Exkurs in die Produktionstheorie sowie in die bildungspolitischen Tendenzen der letzten Dekade.

In der Produktionstheorie ist es üblich geworden, zwischen Produktion erster Ordnung (unmittelbare Produktivität) und Produktion zweiter Ordnung (mittelbare Produktivität) (8), auch Metaproduktion genannt (9), zu unterscheiden. Für den Bildungssektor sind aus dieser Theorie vor allem die folgenden Aussagen wichtig:

1. „Im gegenwärtigen Zeitalter nimmt der Manpower-Bedarf der Metaproduktion im Verhältnis zum Manpower-Bedarf der Produktion zu" (10). Dies geht auf die zunehmende Automation der Produktion zurück.
2. „Die durchschnittlichen Bildungs- und Ausbildungsanforderungen der Produktion zweiter Ordnung sind höher als diejenigen der Produktion erster Ordnung" (11).

Während die Bildungsökonomen noch damit beschäftigt sind, diese Hypothesen hinreichend empirisch zu sichern und deren Zusammenhang noch besser aufzuklären (12), ist für unsere weitere Argumentation nur die Richtung interessant, in die die Aussagen zielen: Eine Weiterentwicklung der Produktionsmittel ist auf höhere Qualifikationen angewiesen, die zu produzieren vorläufig in die Kompetenz außerökonomischer Instanzen fällt. Trotzdem hat es bereits seit längerer Zeit Versuche gegeben, Änderungen am Ausbildungssystem vorzunehmen, die der Anforderung nach höheren Qualifikationen gerecht zu werden versprachen, ohne allerdings die *Art* der Qualifikationen selbst anzutasten. Solche Anstrengungen lassen sich in drei Phasen gliedern:

Die ersten Anstrengungen beziehen sich einzig auf die *Anzahl* der Qualifikationen: Soll der Bedarf an qualifizierten Arbeitskräften angehoben werden, so muß die Zahl der Abiturienten und Akademiker steigen. Die Begabungsreserven in unserem Lande müssen mobilisiert werden. Da aber nicht nur der Bedarf für die Metaproduktion höher sein wird, sondern auch ein höheres Kontingent an Ausbildern für diese Metaebene gebraucht wird, muß zur Rekrutierung des Bedarfs die Anzahl weiter aufaddiert werden. Die Lösung des Problems wird hier in seiner *Quantifizierung* gesehen. Die Struktur des Bildungswesens selbst wird in diesem Zusammenhang nicht angetastet. Das dreigliedrige Schulsystem, so wird unterstellt, ist grundsätzlich in der Lage, das Problem zu lösen. Qualitative Elemente stehen zu quantitativen in einer hohen Korrelation, wie aus der Argumentation von PICHT zu ersehen ist: „Die Steigerung der Qualität der Leistung hängt von der Steigerung der Quantität der Lehrer ab. Solange wir im Verhältnis der Lehrerzahl zur Schülerzahl den internationalen Durchschnitt nicht wieder erreichen, ist an eine Hebung der Qualität nicht zu denken. Wir müssen quantitativ wieder auf einen Normalstand kommen; erst dann können wir hoffen, daß sich das rapide sinkende Niveau des Bildungsstandes aller Stufen in absehbarer Zukunft den internationalen Standards wieder angleichen wird" (13). Der Anstieg der *Zahl* auf allen Ebenen bringt auch, so PICHT, eo ipso den Anstieg der *Qualität* mit sich. Es wurde jedoch sehr bald evident, daß der Ansatz deshalb naiv war, weil er sich eines Instruments bediente, das im Hinblick auf eine solche Zielsetzung antagonistische Züge trug. Das dreigliedrige Schulsystem benachteiligt eindeutig die Kinder der Unterschicht, wie Untersuchungen zum Problem des Übertritts auf das Gymnasium gezeigt haben. Aber auch die Volksschule selbst erweist sich immer mehr als eine dem Sozialisationsniveau der unteren Schichten wenig anpassungsfähige Institution. Damit rücken *Strukturprobleme* in den Mittelpunkt der Diskussion. Die Struktur des Bildungswesens erweist sich den Anforderungen gegenüber als inadäquat und bedarf einer Änderung. Verschiedene Modelle der Gesamtschule sind die erste Antwort darauf.

Schließlich erkannte man relativ unabhängig von wirtschaftlichen Forderungen, daß Strukturveränderungen auf halbem Wege stehen bleiben, wenn gleichzeitig die Bildungsinhalte, die ja zu den Qualifikationen führen, in der bisherigen Form fortgeschrieben werden (14). Das erforderliche höhere Qualifikationsniveau ist eben nicht primär ein Quantitäts- oder ein Strukturproblem, sondern vor allem ein Qualitätsproblem oder ein curriculares Problem (15).

Damit sind allerdings die ökonomischen Interessen am Bildungssektor an einem sehr wesentlichen Punkt angelangt: Sobald man nämlich Qualifikationsveränderungen über das Curriculum und seine Durchsetzung im Unterricht erreichen will, greift man in den binnendidaktischen Bereich der Schule ein. Von diesem Augenblick an wird auch der black-box-Charakter dieses Bereichs aufgehoben; über die Analyse der Eingangs- und Ausgangsströme des Bildungssektors hinaus wird nunmehr der Verlauf der Lernprozesse selbst Gegenstand bildungsökonomischer Diskussion (16).

Eine solche Entwicklung ist natürlich nur unter bestimmten Voraussetzungen denkbar: Lernprozesse müssen in hohem Maße planbar und steuerbar sein. In der Tat hat die anthropologische Forschung in letzter Zeit Ergebnisse gebracht, die derartige Annahmen empirisch erhärten; denn genetische Faktoren werden in ihrer Bedeutung für das Lernen zugunsten von Sozialisationsfaktoren (die beeinflußbar sind!) erheblich relativiert. Obgleich die Wünsche der Bildungsökonomie in dieser Perspektive als realisierbar erscheinen, sind sie dennoch in entscheidendem Maße von der Entwicklung derjenigen Wissenschaft abhängig, die den Unterricht zum Gegenstand hat, der Didaktik also.

1.2 Organisierende Prinzipien der Bildungsplanung

Allein mit dem Interesse der Bildungsökonomie an curricularen Fragen ist indessen die entscheidende Wende noch gar nicht vollzogen; denn es ist immerhin noch möglich, die mit derartigen Zuwendungen verbundenen Forderungen als Postulate der Gesellschaft an das Bildungswesen zu interpretieren. Dann allerdings muß man zugestehen, daß auch in früheren Bildungsperioden derartige Forderungen bestanden, daß die Geschichte genügend Beispiele aufzuweisen hat, aus denen die Abhängigkeit der Schule oder vergleichbarer Institutionen vom Gemeinwesen hervorgeht. Damit wäre nicht etwa die Existenz solcher Postulate neu, sondern nur ihr Inhalt und ihre Herkunft. Was indessen die bestehenden Einrichtungen und die in ihnen ablaufenden Aktivitäten radikaler in Frage zu stellen scheint, ist die Tatsache, daß sich die Instanzen der Ökonomie nicht damit begnügen, ihre Ansprüche an das Bildungswesen zu formulieren, sondern daß sie sogleich darangehen, ihre eigenen Vorstellungen selbst in Regie zu nehmen, sich ihre eigenen Prinzipien zur Durchsetzung ihrer Interessen entwickeln. Der Bildungssektor wird somit unter neue Organisationsprinzipien gestellt, die außerpädagogischer Herkunft sind.

Wenn im folgenden solche Prinzipien im einzelnen dargestellt werden, dann unter der Annahme, daß die Realisierung solcher Prinzipien mit radikalen Änderungen auch für den Lehrer verbunden ist.

An erster Stelle muß hier das Prinzip eines optimalen Verhältnisses von Kosten und Nutzen erwähnt werden: „In der Bildungsökonomie sind jene Probleme thematisiert und jene Lösungsstrategien systematisiert, die den verschiedenen Kosten-Nutzen-Kalkülen der bürgerlichen Ökonomie unterworfen werden können. Hier wird auch das Gesamtsystem der Qualifikationsproduktion darauf überprüft, inwieweit die Prinzipien kapitalistischer Rationalität in ihm zu herrschenden Prinzipien gemacht werden können, d.h. wie weit dieses System gewinngarantierend und herrschaftsstabilisierend funktioniert" (17). Die zunehmende Bedeutung dieses Prinzips ist darin zu sehen, daß die finanziellen Investitionen im Bildungssektor einen immer größeren Umfang annehmen; es kann demzufolge nicht gleichgültig sein, welchen Nutzen solche Kosten erbringen. Den output planerischem Kalkül zugänglich zu machen, steht jedoch noch vor großen Schwierigkeiten: „Nun sind zwar die Inputs an Ressourcen relativ leicht quantifizierbar und somit der Fragestellung der Bildungsökonomie adäquat (es handelt sich etwas einfach gesagt um die monetären Kosten, um die Zahl der Schüler und das Lehrpersonal); problematisch aber ist die Quantifizierung und also die Messung des outputs, d.h. der produzierten Qualifikationen. Die „Quantifizierung der Qualitäten" wurde daher zum entscheidenden methodischen Problem der bürgerlichen Bildungsökonomie" (18).

Darin liegt wohl auch die entscheidende Motivation für das zunehmende Interesse am binnenunterrichtlichen Bereich. Der output wird von dem Augenblick an kalkulierbar, wo man in der Lage ist, die Binnenprozesse zu vergegenständlichen und zu steuern. Notwendig ist dafür allerdings eine Theorie, die die Rationalitätsmuster ökonomischer Planung in sich trägt. Die „Systemaktivitäten" müssen als zweckrationales und erfolgskontrolliertes Handeln gefaßt sein, sämtliche Teilprozesse im Bildungssystem einer entsprechenden Planung und Bewertung unterworfen werden (19). Dies wiederum ist nur möglich, wenn das Zustandekommen der Qualifikation als Produktionsprozeß aufgefaßt wird, der analoge Muster zum industriellen Produktionsprozeß aufweist: „Definiert man den Bildungsprozeß in Analogie zum industriellen Arbeitsprozeß, so lassen sich die Entsprechungen zwischen den einzelnen Elementen leicht angeben: Das Rohmaterial („Schüler und Studenten") wird durch qualifizierte Arbeitskräfte („Lehrer") und durch den zweckmäßigen Einsatz von Produktionsinstrumenten („Lehr- und Lernmittel") in Fertig- und Halbfertigprodukte („qualifizierte Arbeitskräfte") verwandelt. Für diese Produktion qualifizierten Arbeitsvermögens werden eine zweckmäßige Organisation der Lehr- und Lernprozesse („Struktur- und Zeitplan") sowie bestimmte Produktionsverfahren („Technologie") benötigt. Der Prozeß bedarf einer Steuerungs- und Kontrollinstanz (Management) und verschiedener Verfahren der Effizienz- und Qualitätskontrolle. Forschung und Entwicklungsaktivitäten dienen der Verbesserung der Produkte, der Produktionsverfahren und des Steuerungssystems" (20). Es wird im

Rahmen der Darstellung didaktischer Theoriebildung zu prüfen sein, inwieweit die Erziehungswissenschaft solchen Ansprüchen bereits entspricht und in welchen Bereichen sie noch an anderen Modellen und Mustern orientiert ist.

Letztlich sagt aber auch diese Analogie noch nicht genügend über die Zusammenhänge zwischen den einzelnen Faktoren aus. Für die Verwandlung von Rohmaterial in Fertigprodukte sind jedenfalls zwei verschiedene Mittel aufgeboten: Arbeitskräfte (Lehrer) und Produktionsinstrumente (Lehr- und Lernmittel). In der Perspektive zweckrationaler Planung sind hier sofort mehrere Fragen zu stellen: Gibt es Produktionsinstrumente, welche die Arbeitskräfte zum Teil ersetzen können, etwa als analoger Vorgang zur partiellen Automation in der industriellen Produktion? Welche Qualifikationen können durch Instrumente aufgebaut werden, für welche werden weiterhin Arbeitskräfte benötigt? Da die Arbeitskräfte ebenfalls Qualifikationen benötigen (Ebene der Lehrerausbildung!) ist zu fragen, welche werden benötigt, welche nicht, welche können auch durch die Entwicklung von personenunabhängigen Steuerungsinstrumenten ersetzt werden? Eine Überqualifikation des Lehrers wäre in diesem Zusammenhang unökonomisch.

Analog zum industriellen Produktionsprozeß zeigen sich also auch hier Probleme und Fragen, die mit Hilfe eines weiteren Prinzips zu lösen sein werden: das Prinzip der optimalen Allokation der knappen finanziellen Ressourcen. Immer unter dem Gesichtspunkt eines optimalen Outputs müssen also Überlegungen angestellt werden, ob es zweckmäßiger und ökonomischer ist, die Qualifikationen der Lehrer auszubauen oder Instrumente zu schaffen, deren Entwicklungskosten geringer sind als die Intensivierung der Lehrerausbildung. Es ist also durchaus möglich, daß Lehr- und Lernmittel, deren unterrichtliche Steuerungspotenz erst allmählich erkannt wird, und die Person des Lehrers gegeneinander abgewogen werden.

Ein Beispiel soll diese Situation verdeutlichen: Angenommen, zu den Qualifikationen künftiger Arbeitskräfte gehöre die Beherrschung des dualen Zahlensystems, so sind mindestens zwei Wege denkbar, die zu einem solchen Ziel führen:

1. Wenn die Kenntnisse über das duale Zahlensystem in einem Ausbildungsgang erworben werden, so sind neben den Unterrichtsmaterialien vor allem Lehrer notwendig, die derartige Kenntnisse, zum einen, selbst besitzen müssen (da sie solche in ihren eigenen allgemeinen Ausbildungsgängen nicht erlernt haben, sind sie also Teil ihres Studiums oder Programme von Fortbildungsgängen!) und die, zum andern, die Fähigkeit brauchen, die erforderliche Schülerqualifikation optimal aufzubauen. Die Erreichung des Zieles hängt damit wesentlich von der Qualität der Lehrerbildung ab. Der Zusammenhang legt also nahe, dort entsprechende Veränderungen vorzunehmen.
2. Es ist jedoch ebenso denkbar, diese Qualifikation auf ganz andere Weise aufzubauen. Die lernpsychologische Forschung und die kybernetische Pädagogik selbst haben diese Alternative entwickelt. Zen-

tralisierte Instanzen arbeiten in interdisziplinärer Forschung detaillierte Lehrgänge aus, welche einen sachlich und psychologisch richtigen Aufbau der erforderlichen Qualifikation gewährleisten und zudem eine Kontrolle der erworbenen Kenntnisse erlauben. Zwar werden noch Personen benötigt, die die Lehrgänge durchführen, doch ihre fachliche Kompetenz kann wesentlich reduziert werden. Die Ausbildungsgänge dieser Personen werden deshalb wesentlich kürzer sein. Finanzielle Mittel werden hier vor allem der Forschung zufließen.

Zwar wurde die Hoffnung der Bildungspolitiker nicht erfüllt, durch den Einsatz von Unterrichtsprogrammen und anderen methodisch aufbereiteten Medien den Lehrermangel aus der Welt zu schaffen (eine Funktion, die etwa Helmar FRANK den Unterrichtsprogrammen durchaus zutraut!), so kann doch neu zur Diskussion gestellt werden, ob sie nicht in der Lage sind, von sich aus Qualitäts- und Effektivitätssteigerungen des Unterrichts zu bewirken, weshalb es zu rechtfertigen wäre, die Qualifikationen des Lehrers zu reduzieren. Obgleich die Unterrichtsforschung hinsichtlich des Allokationsprinzips noch keine eindeutigen Daten und Präferenzen vorlegen kann, wird doch eines deutlich: Es gibt im Bildungssektor *Alternativen* der Allokation: das Prinzip hat also einen Anwendungsbereich.

Aus den drei dargelegten Prinzipien folgt indessen ein viertes mit logischer Notwendigkeit: Die geplanten Eingriffe beziehen sich nicht mehr auf Detailfragen oder Einzelelemente, sondern auf die Funktionsfähigkeit des Bildungssystems insgesamt und auf seine optimale Organisation. Betroffen sind sowohl die Binnenbereiche des Bildungswesens (die Schulorganisation und die Lehrerbildung), wie auch Außenbereiche, etwa die Wirtschafts- und Finanzpolitik. Dies alles verlangt nach dem Instrument der *Globalsteuerung*. Die Interdependenz der Faktoren läßt keine Alternative zu. Nun ist dieses Instrument beileibe noch nicht entwickelt, sondern allenfalls seine Notwendigkeit erkannt. Um damit arbeiten zu können, kommt es entscheidend „auf die Identifikation jener Mechanismen, Instanzen und Organisationen an, in denen sowohl Soll-Zustände verbindlich festgelegt als auch die Verfahren zur Übersetzung der Qualifikationsproduktion entwickelt werden" (21). Ob hierfür die Didaktik die Voraussetzungen mitbringt, soll anschließend untersucht werden.

1.3 Konsequenzen für den Lehrer

Aus der Prämisse globaler Planungsstrategie folgen für den Lehrer Veränderungen vor allem in zwei Bereichen: Im Bereich der von ihm bislang geleisteten inhaltlichen Planung seines Unterrichts und - dies ist der umfassendere Aspekt - im Bereich seiner Funktion überhaupt. Besondere Hervorhebung allerdings verdient die Tatsache, daß die Veränderungen inhaltlicher und funktional-organisatorischer Art unmittelbar zusammenhängen, weil die inhaltlichen Postulate der Bildungsökonomie sogleich mit bestimmten Strategien ihrer Durchsetzung verknüpft auftreten, die eine grundlegende Veränderung der bisherigen Schulorganisation nach sich ziehen. Für den Bereich neuer in der Schule zu produzierender Qualifikationen ist indessen die Veränderung der Qualifikationen an sich nicht so bedeutsam wie die damit ins Spiel kommende Abhängigkeit der Unterrichtsinhalte von makro-ökonomischen Entwicklungs- und Planungsprozessen. Wolfgang SCHULZ konnte noch vor 10 Jahren die inhaltliche Planung des Unterrichts in die Entscheidungskompetenz des Lehrers stellen und den inhaltlichen Bereich den Entscheidungsfeldern zuordnen. Die neueren Tendenzen sprechen eher dafür, daß Inhalte für den Lehrer zur Bedingung seiner Planung werden und sich der freien Entscheidung mehr und mehr entziehen. Selbst wenn man davon ausgeht, daß der Lehrer bei der Planung seiner Lernprozesse keine pragmatische Anpassung an ökonomische Anforderungen betreibt, sondern diese kritisch auf die besondere Situation seiner Schüler und deren Möglichkeiten bezieht, also sie in emanzipatorische Inhalte zu übersetzen versucht, scheint es gerade unter dem Gesichtspunkt der Emanzipation nicht möglich, die gegebenen Abhängigkeiten und Bedingungen zu ignorieren.

Die neue Situation, vor allem die darin sichtbar werdende Tendenz globaler Interdependenzen, verlangt von ihm eine stärkere Theorieabhängigkeit seiner Arbeit. Er ist nicht mehr in der Lage, seinen Unterricht mit traditionellen intuitiv-handwerklichen Mitteln zu bewältigen. Je mehr nämlich der Qualifikationsoutput Meßbarkeitskriterien unterworfen ist, je deutlicher Momente systematischer Planung zur Durchsetzung von Verhaltensänderungen in den Vordergrund treten, je stärker die Anlehnung an zweckrationales Handeln erfolgt, desto wichtiger wird eine Theorie, die sich - zum einen - instrumentalisieren läßt und - zum zweiten - dem Lehrer Kriterien zur Beurteilung und Anleitung seines Handelns liefert.

Weiter reichen hingegen die Konsequenzen, die sich aus den organisierenden Prinzipien ergeben: hier wird die Funktion des Lehrers zur Diskussion, ja in Frage gestellt. Dies geschieht indirekt, indem dem Prinzip der Globalsteuerung zufolge die Qualifikationsplanung zum Teil Instanzen überantwortet wird, die außerhalb der Schule stehen; doch ist in diesem Prinzip immerhin noch gesichert, daß der Lehrer an einem Kommunikationsprozeß teilhat, der die Interdependenzen von makro-ökonomischem und binnendidaktischem Bereich repräsentiert. Doch verändert sich die Szenerie, wenn die globalen Instanzen den Lehrer nicht mehr als Kommunikationspartner ansehen, sondern als eine manipulierbare Variable der Qualifikationsproduktion, deren Qualifikationen so dosiert sein müssen, daß ihr Erwerb (in der Lehrerbildung) wenig kostet, ihr Umfang aber ausreichend ist, einen optimalen Output qualifizierter Schüler zu garantieren. Gerät indessen das Problem der Lehrerqualifikation unter den Aspekt der Allokation von Geldern und in die Konkurrenz mit anderen effizienzsteigernden Unterrichtsmitteln (Medien), so wird der Lehrer selbst zum Objekt bildungsökonomischer Planungen; seine Aktionen und Qualifikationen sollen kalkulierbar sein.

Nun sind allerdings solche Vorhaben und Entscheidungen kaum ohne pädagogischen Sachverstand durchführbar, so daß auf der Ebene globaler Planung Erziehungswissenschaftler und Schulpraktiker vertreten sein werden. Eine solche Entwicklung führt indes konsequent zu einer Zweiteilung der pädagogischen Kompetenz: letztlich werden globale Instanzen der Pädagogik die Zusammenhänge von Ökonomie und Unterricht reflektieren und ihnen mit entsprechenden Strategien Rechnung tragen, während den (ferngesteuerten) pädagogischen Hilfstruppen der Unterrichtsebene lediglich die Aufgabe zufällt, die vorentworfenen Handlungszusammenhänge auszuführen.

1.4 Zusammenfassung

In der bildungsökonomischen Planung kommen Tendenzen zum Vorschein, die für den Lehrer höchst relevant sind. Zum ersten Mal in der Geschichte des Bildungswesens wird nämlich der Versuch unternommen, die „Innenseite" der Schule, den Unterricht also, mit globalen Steuerungsinstrumenten in Regie zu nehmen. Im Zuge solcher Maßnahmen gerät auch der Lehrer in Gefahr, von den zentralen Planungsinstanzen nicht mehr als Kommunikationspartner, sondern lediglich als Objekt von Handlungen betrachtet zu werden, die an Kriterien der Zweckrationalität, Verfügbarkeit und Kalkulierbarkeit orientiert sind.

Ob indessen auch die Möglichkeiten solcher Verfügung bestehen, hängt nicht unwesentlich vom Selbstverständnis der Instanzen ab; da aber gegenwärtig die Herausforderung, die einzelnen Bereiche der gesellschaftlichen Praxis zu gestalten, an die Wissenschaften gerichtet ist, wird es entscheidend auf deren Erkenntnisinteressen, auf ihre konstruktiven Absichten und Möglichkeiten überhaupt ankommen.

Zur weiteren Präzisierung des Problems ist daher ein Rekurs auf das Verständnis derjenigen Wissenschaft vonnöten, welche sich mit dem Unterricht befaßt.

2 Die Entwicklung der Didaktik als Unterrichtswissenschaft

Wir gehen mit anderen Autoren (22) von der These aus, daß sich binnendidaktische Ansätze zunehmend als geeignet erweisen, bildungsökonomischen Intentionen nach Planung - auch - der unterrichtlichen Binnenprozesse entgegenzukommen. Wenn nämlich die Didaktik ihre Aufgabe in verstärktem Maße darin sieht, eine Theorie zu erstellen, die eine Verfügung über vergegenständlichte Prozesse gestattet, also ein technisches Erkenntnisinteresse verfolgt (23), ist sie für die bildungsökonomischen Postulate nach Schaffung eines ganz bestimmten Qualifikationspotentials brauchbar.

Nun muß indessen vor einem Mißverständnis gewarnt werden: Wir glauben nicht, daß der Wandel der didaktischen Fragestellung und eine Änderung des Wissenschaftsverständnisses unmittelbar bildungspolitische oder bildungsökonomische Motive hätte. Dazu waren in der praecurucularen Aera der Didaktik die Zusammenhänge noch viel zu wenig offenkundig. Im Vordergrund standen vielmehr Notwendigkeiten, die augenscheinlich nicht unabhängig von dem Ort betrachtet werden können, an dem Didaktik als wissenschaftliche Disziplin etabliert war: nämlich in der Lehrerbildung. Für sie stand demzufolge eine angemessene Qualifikation der Akteure der Praxis im Mittelpunkt des Interesses. Im Gegensatz zum Glauben der reformpädagogischen Bewegung war der Lehrer bei der Bewältigung seiner Praxis nun offenbar auf eine wissenschaftliche Theorie angewiesen. Zu gering scheint das Vertrauen in „Umgangserfahrungen und unmittelbares Engagement", zu groß die „Erwartungen an konstruktiv-technologische Antworten auf pädagogische Herausforderungen der Zeit" (24).

Wenn jedoch die Annahme stimmt, daß die Bewältigung der Praxis in erster Linie mit wissenschaftlichen Mitteln geschehen muß, so bedarf es einer Theorie, die geeignet ist, den Akteuren der Praxis Kriterien für ihre Entscheidungen, Planungen und Handlungen zu vermitteln. Theorie muß also ein Instrument sein, welches die Gesamtpraxis des Lehrers strukturiert, die beeinflußbaren Größen identifiziert und angemessene Alternativen der Beeinflussung entwickelt. Auch in dieser Perspektive kann eine Theorie in das Fahrwasser der Verfügung über vergegenständlichte Prozesse geraten. Die Tendenz ist allerdings primär unter dem Motiv zu sehen, die Akteure einer Praxis besser instand zu setzen, ihr Aktionsfeld mit rationalen und durch Qualifikation erwerbbaren Instrumenten in den Griff zu bekommen. Die Didaktik darf, so gesehen, allerdings nicht nur eine Wissenschaft *vom* Unterricht sein, d.h. sie darf Unterricht nicht nur beschreiben oder deuten, sondern sie muß vor allem eine Wissenschaft *für* den Unterricht werden, d.h. sie muß den Akteuren konstruktive Kriterien der Gestaltung an die Hand geben. In der Entwicklung der Didaktik läßt sich das an zwei Phänomenen nachweisen:

1. Die Didaktik hat ihren *Reflexionshorizont* ständig erweitert. Zunächst nur mit Teilkomplexen befaßt, sieht sie sich immer mehr genötigt, den Unterricht als Ganzes zu reflektieren, da sie nur so die Bedürfnisse befriedigen kann, die Akteure der Praxis umfassend zu qualifizieren.
2. Ferner zeigt sich ein zunehmendes *Engagement* der Wissenschaft. Die überkommene Nachgängigkeit aller theoretischen Reflexionen muß einer Theorie weichen, die auf Veränderung und nicht nur auf eine Beschreibung der Praxis gerichtet ist. Theorie konzentriert ihr Interesse also zunehmend auf Konstruktions- und Planungsprozesse.

Die Entfaltung der Fragestellungen und des Selbstverständnisses der Didaktik geschieht indessen vor dem Hintergrund einer für uns zentralen Annahme:

Wir glauben, daß sowohl das zunehmende Engagement dieser Disziplin als auch die Ausdehnung ihres Gegenstandes bei der Curriculumdiskussion einen entscheidenden Punkt erreicht hat: War die Didaktik der sechziger Jahre noch darauf konzentriert, eine instrumentelle Theorie zu schaffen, die darauf abzielte, eine bessere Qualifikation des Lehrers zu schaffen, so zeichnet sich in der Fortsetzung, nämlich in der Curriculumdiskussion, in die bildungsökonomische Postulate unmittelbar und direkt eingehen, eine Tendenz ab, die auf eine allmähliche Substitution des Lehrers hinausläuft. Die Unterrichtswissenschaft als Qualifikationsinstanz war noch davon ausgegangen, begrenzte theoretische Modelle für den Unterrichtenden zu entwickeln, um die unterrichtlichen Planungs- und Entscheidungsprozesse zu strukturieren und die Zusammenhänge aufzudecken. Kurzum: Theoretische Vorleistungen der Wissenschaft hatten die Funktion, das didaktische Handeln des Lehrers zu ermöglichen und zu erleichtern. Theoriebildung und -entfaltung war in dieser Perspektive komplementär zum praktischen Engagement des Lehrers zu verstehen. Am Gegenstand der Didaktik sowie am zunehmenden Engagement dieser Wissenschaft soll nun dieses Komplementärverhältnis im einzelnen aufgezeigt werden.

2.1 Gegenstand und Wissenschaftsverständnis der Didaktik

Die Pädagogik der Nachkriegszeit knüpfte zunächst an die in den dreißiger Jahren vorherrschende, auf DILTHEY zurückgehende geisteswissenschaftliche Pädagogik an. Innerhalb dieser wissenschaftstheoretischen Position arbeitete Erich WENIGER an einer Theorie der Didaktik. Seine „Didaktik als Bildungslehre" (25) wurde im Jahre 1956 wieder aufgelegt und bestimmte zunächst die Diskussion der Nachkriegszeit wesentlich.

WENIGER geht in seinem Ansatz von der Forderung aus, die Didaktik habe „ihren Ausgangspunkt .. in der Gegebenheit des Lehrgefüges, in der Bildungssituation, wie sie in der Erziehungswirklichkeit jeweils vorgefunden wird und nicht in der Theorie selbst oder in Prinzipien" (26).

Wie jede Geisteswissenschaft, so habe auch die Didaktik ihren Text, den verständlich zu machen die Aufgabe des Didaktikers sei. Schon aus diesem Grunde kann es sich bei der Didaktik nicht um ein logisches System handeln, sondern „um die Entdeckung des Gefüges des Lebens im Bildungsvorgang selbst, um die Struktur der Bildungswirklichkeit einschließlich ihrer irrationalen Elemente, in einer Gegebenheit, die nicht etwa rationalisiert werden soll. Die Didaktik will der Freiheit der Entscheidung der Unmittelbarkeit und Lebendigkeit des pädagogischen Bezugs auf der Selbständigkeit des pädagogischen Einsatzes dienen, die gerade in solcher Besinnung gesichert werden sollen" (27).

Die Aufgabe der didaktischen Theorie ist demnach die Interpretation der Unterrichtswirklichkeit, um dadurch den Akteuren der Praxis ein besseres Verständnis der Zusammenhänge zu ermöglichen, in denen sie agieren. Praxis hat bei WENIGER noch ihre „eigene Dignität". Anweisungen theoretischer Herkunft sind nicht akzeptabel.

Um jene Unmittelbarkeit des pädagogischen Bezugs indes nicht zu gefährden, konzentriert sich die didaktische Theorie auf ein bereits kodifiziertes Lehrgefüge, wie es in den Lehrplänen zu finden ist. Denn es kommt nicht so sehr darauf an, die ganze Mannigfaltigkeit und Breite des Lebens zu fassen, sondern eine „begriffliche Gestaltung" zu finden, „in der jeweils das Gegebene zusammengefaßt wird" (28).

Mit der Orientierung am Lehrplan allerdings ist die Realität des Unterrichts selbst aus der Reflexion herausgefallen. Die Didaktik klärt nämlich nicht, ob nun der Lehrplan als Ort zu betrachten ist, an dem die alltäglichen Unterrichtsprozesse, von ihren zufälligen, subjektiven und vorübergehenden Momenten befreit, sozusagen objektiviert zur Darstellung gebracht sind, oder ob der Lehrplan als Steuerungsinstrument des Unterrichts fungiert; dann allerdings müßte seine steuernde Wirkung nachgewiesen werden. Mit der Fixierung auf den Lehrplan gerät zudem der prozessuale Charakter des Unterrichts aus dem Blick. Gegenstand der Didaktik ist demzufolge nur der I n h a l t der Bildung, nicht aber die Methode der Vermittlung. „Die Aufgabe des Lehrplans ist die Festlegung der Bildungsziele und Auswahl und Konzentration, früher sagte man des Unterrichtsstoffes, heute der Bildungsgüter oder der Bildungswerte; wir ziehen es vor, von den Bildungsinhalten zu sprechen" (29). Der Rückzug vom ursprünglichen Anspruch, nämlich die „Gesamtheit unterrichtlichen Geschehens" als Gegenstand der Didaktik zu betrachten, wird auch in der Unterscheidung von Didaktik und Methodik sichtbar, die von WENIGER aufgegriffen und von KLAFKI später übernommen wurde: Die Didaktik beschreibt die sachliche Entscheidung über die Inhalte des Unterrichts, während die Methodik „die Lehre von den im Unterricht anzuwendenden Methoden" darstellt (30). Eine Methodik kann aber von der geisteswissenschaftlichen Didaktik nicht dargestellt werden: „Die Methode kann darum immer nur mit ihren didaktischen Voraussetzungen beschrieben und gelehrt werden. Natürlich kann eine Typenlehre der möglichen Methoden von relativ großer Gültigkeit entwickelt werden. Die Methode aber selber ist stets neu aus der Praxis zu entwickeln und auf die Praxis zu beziehen" (31). Mit einem „Sich-Einlassen" auf den Methodenkomplex ist jedoch sehr viel mehr die Gefahr verbunden, den lauteren Boden geisteswissenschaftlichen Wissenschaftsverständnisses zu verlassen, weil nämlich Methodenlehre sehr viel mehr vorschreibenden als beschreibenden Charakter annehmen kann: „Es sei schließlich noch vermerkt, daß der Rückzug auf die Methodik statt auf die Didaktik in ihren Voraussetzungen der Gleichförmigkeit der pädagogischen Akte und der Wiederholbarkeit des pädagogischen Tuns sehr viel stärker in die Freiheit des Lehrers eingreift als eine Didaktik in unserem Sinne, denn eine solche Methodik will die Praxis, den pädagogischen Akt selber der Regel unterwerfen und möchte ihn fixieren und kontrollieren" (32).

Wolfgang KLAFKI führte gegen Ende der Fünfziger Jahre den geisteswissenschaftlichen Ansatz seines Lehrers WENIGER fort. Er bekennt sich wie dieser zu einer Didaktik als „Theorie der Bildungsinhalte" (33) und sieht methodische Fragen als sekundär an. Die wesentliche Kategorie ist bei ihm hingegen nicht mehr der vom Lehrgefüge abstrahierte Lehrplan, sondern der Bildungsbegriff. Er spielt die zentrale Rolle in seiner Theorie: „Will man verhindern, daß die Fülle didaktischer Entscheidungen und Entwürfe in eine Vielzahl divergierender Akte auseinanderfällt, ... so bedarf es eines Begriffs, der jene dynamische Gesamtverfassung bezeichnet, zu der der junge Mensch sich durch die Aneignung und personale Verlebendigung bestimmter Motivationen, Erkenntnisse, Erfahrungen, Fertigkeiten stufenweise durcharbeitet und die er dann in einem Prozeß der Integration immer neuer Erfahrungen produktiv ausbauen und bewähren soll. Nenne man diese Verfassung nun Personalität, Menschlichkeit, mitmenschliche Verantwortung, Mündigkeit, ... immer geht es darum, einen Modus des Menschseins zu bezeichnen, der als verbindliches gleichwohl aber sich tausendfach individualisierendes Ziel der pädagogischen Bemühungen betrachtet werden kann" (34).

KLAFKI verließ damit bereits den geisteswissenschaftlichen Tugendpfad, als er einen Bildungsbegriff setzte und daraus Auswahlkriterien für die Unterrichtsinhalte ableitete. Er schuf ein theoretisches Regulativ für die inhaltliche Planung des Lehrers. Die Konkretisierung dieses Instruments in der „didaktischen Analyse" fungierte bereits deutlich als Anweisung bei den Zielentscheidungen des Lehrers. In diesem Zusammenhang muß noch einmal an die WENIGERsche Maxime erinnert werden, in der vom Ausgangspunkt bei der Bildungssituation selbst die Rede ist und nicht bei in der Theorie gegebenen Prinzipien, um die Wende gegenüber KLAFKI zu markieren: Er liefert gerade mit dem Bildungsbegriff, aber auch darüber hinaus, etwa in den didaktischen Prinzipien des Elementaren, Fundamentalen und Exemplarischen (35) theoretische Vorgaben, die eindeutig signalisieren, daß der Lehrer nicht mehr uneingeschränkt seiner eigenen Praxis überantwortet werden darf.

Im Bildungsbegriff wird zudem das Komplementärverhältnis von Theoriebildung und praktischem Engagement deutlich; denn Bildung als „Erschlossensein einer dinglichen und geistigen Wirklichkeit für einen Menschen" (36) kann theoretisch konzipiert werden, die andere Seite dieses Begriffs allerdings „das Erschlossensein des Menschen für die Wirklichkeit" (37) kann nur in der konkreten unterrichtlichen Situation eingelöst werden und ist damit konstitutiv an konkrete Kommunikationsprozesse gebunden. Daß KLAFKIs Beitrag nicht nur in der didaktischen Diskussion, sondern vor allem auch in der Unterrichtspraxis große Beachtung gefunden hat, ist vor allem darin begründet, daß er den theoretischen Ansatz bis hin zu einer „Didaktischen Analyse als Kern der Unterrichtsvorbereitung" (38) differenzierte. Diese Analyse stellt allerdings nur ein Kategoriengefüge dar, das zwar Kriterien für die Planung liefert, keineswegs aber die Planung selbst bewältigen will. Das entscheidende Verdienst der KLAFKIschen Didaktik liegt indessen in der Relativierung der Inhalte des Lernens. Aus der Perspektive des Bildungsbegriffes gewinnt nämlich der Bildungsgehalt gegenüber dem Inhalt absolute Priorität. KLAFKI hat - von seinem Ausgangspunkt verständlich - die Teilnahme der fachwissenschaftlichen Kompetenz am Geschäft der Erziehung nicht für konstitutiv angesehen, was ja zu heftigen Auseinandersetzungen mit den Szientisten führte, eine Kontroverse, die wir allerdings hier nicht rekapitulieren können.

Was jedoch in unserem Zusammenhang relevant ist, geht auf die Forderung KLAFKIs zurück, Inhalte auf ihre Bedeutung für den einzelnen zu befragen, sie also in einer Form zur Darstellung zu bringen, welche die Situation des einzelnen Schülers berücksichtigt, denn nur von diesem subjektiven Aspekt her entfalten sie ihre bildende Wirkung. Damit waren allerdings auch die Rollen derjenigen Instanzen verteilt, die solches leisten konnten:

Die Fachwissenschaft liefert Inhalte, die Didaktik erarbeitet Kriterien, mit deren Hilfe die subjektiven Bedürfnisse der Lernenden und die objektiven Ergebnisse der Fachwissenschaften koordiniert werden konnten, und dem Lehrer schließlich blieb die Aufgabe, mit diesen Vorgaben in der Praxis zu arbeiten, also eine entsprechende Auswahl und Anordnung der Inhalte zu treffen und bestimmte und angemessene Verfahren der Durchführung zu entwickeln. Wenn allerdings gerade dieses von den Lehrern nicht zufriedenstellend erfüllt wurde, sondern, wie KLAFKI selbst beklagt, die Vorschläge zur Unterrichtsvorbereitung dogmatisiert wurden, so lag das nicht in erster Linie an der Theorie, sondern vielmehr an den Voraussetzungen bei den Lehrern, die nicht in der Lage waren, wissenschaftliche Teilvorgaben für die Unterrichtsplanung anders als regelhaft-mechanisch auf ihre Arbeit anzuwenden.

Eine abermalige Erweiterung des Gegenstandes der Didaktik betreiben HEIMANN und SCHULZ (39) in ihrer „lerntheoretischen Didaktik". Zunächst muß jedoch vor einem Mißverständnis gewarnt werden: „lerntheoretisch" meint keine blinde Übernahme von psychologischen Lerntheorien. Der Lernbegriff bedeutet ein Äquivalent zum Bildungsbegriff bei KLAFKI und signalisiert, daß diesem keine zentrale Bedeutung mehr beigemessen wird. Treffender allerdings wäre der HEIMANN/SCHULZsche Ansatz als unterrichtstheoretische Didaktik bezeichnet, weil nämlich der Unterricht in seinem formal-strukturellen Zusammenhang Gegenstand der Theorie ist.

Die Autoren gehen von der durchgängigen Interdependenz aller im Unterricht auftretenden Faktoren aus. Die Konsequenz einer solchen Annahme ist dann natürlich auch die theoretische Systematisierung all dieser Strukturelemente. Deshalb ist es für sie nicht haltbar, nur Teilbereiche des Unterrichts zu analysieren und zu gestalten. Auch der explizite Bezug dieser Theorie auf die Lehrerausbildung, auf eine theoretische Qualifikation für Akteure der Praxis also, ließ es geraten erscheinen, das gesamte Aktionsfeld des Lehrers zu strukturieren und sich nicht mit einem Teilbereich, wie etwa dem Inhalt von Unterricht, zu begnügen, methodische Vermittlungsweisen hingegen einer auf Tradierung angelegten, sich selbst regulierenden Praxis zu überlassen. Der Lehrer muß in diesem Zusammenhang allerdings lernen, seinen Unterricht zureichend theoretisch zu begründen, und muß ihn dazu benutzen, „seine Theorie laufend zu überprüfen, damit die wechselseitige Korrektur von Theorie und Praxis ihn davor bewahrt, diesen Unterricht der Laune des Augenblicks oder dem Zwang der Gewohnheit zu unterwerfen, unkontrollierten Wünschen und erfolgsarmen Verfahrensweisen" (40).

Das begriffliche Zentrum der Theorie ist das Ordnungsschema mit sechs zu unterscheidenden Strukturmomenten. Vier davon fallen in den Bereich des Entscheidungsfeldes, d.h. sie sind der Entscheidung des Lehrers zugänglich: Intentionalität, Thematik, Methodik und Medienwahl. Gegenüber den Entscheidungsfeldern sind die Bedingungsfelder, die anthropogenen und soziokulturellen Voraussetzungen zu berücksichtigende Voraussetzungen, jedoch nicht manipulierbare Elemente der Unterrichtssteuerung. Wolfgang SCHULZ hat diesen Zusammenhang folgendermaßen zur Darstellung gebracht (41):

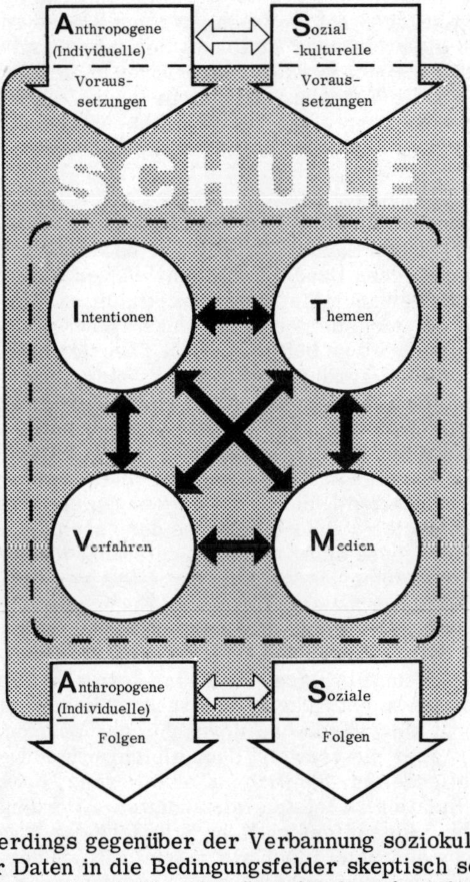

Man wird neuerdings gegenüber der Verbannung soziokultureller und anthropogener Daten in die Bedingungsfelder skeptisch sein, vor allem angesichts neuerer Ergebnisse der Sozialisationsforschung und angesichts der Versuche, auch den institutionellen Rahmen des Unterrichts neu zu ordnen; deswegen wird man in Zukunft eine grundsätzliche Nicht-Beeinflußbarkeit dieser Faktoren nicht aufrechterhalten können.

Die hier getroffene Unterscheidung von Bedingungs- und Entscheidungsfaktoren zeigt jedoch klar, daß es sich um Bedingungen handelt, die nicht vom Lehrer beeinflußt werden können.

Diese Unterscheidung offenbart indessen ein Charakteristikum der Theorie, das in den bisherigen Interpretationsversuchen, die über die Berliner Didaktik vorliegen (42), noch nicht berücksichtigt, für unseren Zusammenhang aber von zentraler Bedeutung ist: Durch das Prinzip der Interdependenz aller Faktoren können unterrichtliche Entscheidungen nur in der Interaktionssituation des Unterrichts selbst gefällt werden, weil sie auf den anthropogenen und soziokulturellen Kontext bezogen sein müssen, der von Klasse zu Klasse wechselt; damit muß die praktische Einlösung der theoretischen Konzeption von den Lehrern geleistet werden. Theorie ist in dieser Perspektive demnach nicht als die Vorgabe „anderer Instanzen" aufzufassen, sondern sie ist ein Instrument, welches dem Lehrer gestattet, sein komplexes Aktionsfeld zu erfassen, damit er angemessene Entscheidungen fällen kann.

Sie kann so gesehen gerade kein Abbild einer vorgegebenen Wirklichkeit sein, sondern bleibt eine gedankliche Konstruktion (43), mit deren Hilfe praktisches Handeln begründbar und deshalb in der planenden Vorwegnahme dieses Handelns Entscheidungen jenseits unkontrollierter Tradition aber auch diesseits purer Intuition fallen können.

SCHULZ glaubt, sich hier an der Grenze wissenschaftlicher Beeinflussung des Unterrichts zu befinden; denn Theorie „kann" strukturieren und Kriterien für Begründungen liefern, nicht aber agieren und Entscheidungen fällen. Daß er dabei zunächst analytisch verfährt, also seinen konstruktiven Beitrag aus der Analyse gewinnt, hat Konsequenzen. Doch zunächst W. SCHULZ selbst:

„Die Aufgabe dieser somit als Disziplin einer angewandten Sozialwissenschaft konzipierten Didaktik ist dem engagierten unterrichtlichen Handeln gegenüber eine doppelte: Analyse der durch dieses Handeln mitbestimmten Prozesse unter dem Gesichtspunkt ihrer teleologischen Struktur; Konstruktion normgerechter und effektiver Prozesse. Im letzteren Falle geht ein metatheoretisches Engagement in die Theorie ein; es verwandelt diese in eine Konzeption" (44).

Da Wissenschaft in dieser Perspektive nicht Normen setzen, sondern nur deren Herkunft erklären kann, insofern also auch nur Entscheidungsalternativen entwickeln, selbst indes keine Entscheidungen fällen kann, gerät sie zwar in den Verdacht, den Vernunftbegriff zu reduzieren (45), aber sie verweist doch gleichzeitig auf ein Komplement ihrer Möglichkeiten, nämlich auf eine Instanz, die derartiges in der konkreten Situation zu leisten imstande ist. Allerdings wird gerade in dieser Annahme eine offensichtliche Schwäche der Argumentation sichtbar: Denn es erscheint mehr als zweifelhaft, ob der Lehrer, dem diese Entscheidungen zugemutet werden, angesichts der Pluralität gesellschaftlicher Zwänge und Sanktionen, denen er ausgesetzt ist, das Maß an Vernünftigkeit wird einholen können, dem sich die Wissenschaft angeblich verschließen mußte.

Indessen muß festgehalten werden, daß auch bei SCHULZ ein Theorie-Praxis-Verständnis entwickelt wird, in dem sich beide komplementär zueinander verhalten: Waren es bei KLAFKI Vorgaben inhaltlicher Art, die vom Lehrer methodisch zu gestalten waren (also eine theoretische Abstinenz im methodisch-instrumentellen Bereich!), so sieht SCHULZ seine Aufgabe darin, dem Lehrer ein effizentes Instrument bereitzustellen, mit dessen Hilfe er Inhalte begründen und wirksam vermitteln kann, die inhaltlichen Entscheidungen aber muß er in eigener Verantwortung treffen (also eine theoretische Abstinenz im Bereich inhaltlicher Entscheidungen!).

In der Folgezeit beginnt sodann ein Differenzierungsprozeß der didaktischen Theorie mit nicht unerheblichen Konsequenzen für den Lehrer. Zunächst setzt dieser Prozeß im Bereich von Methode und Medien ein. Der explizierte Verzicht auf die Normenkritik an Inhalten, wie er von der Berliner Didaktik herausgearbeitet worden ist, und die ausschließliche Konzentration auf die Effizienz unterrichtlicher Verfahren, die sowohl in informationstheoretischen, wie lernpsychologischen Ansätzen zum Vorschein kommt, ist nicht nur als Pendelausschlag nach der von KLAFKI und WENIGER vernachlässigten methodischen Seite zu interpretieren.

Die Neuorientierung muß - so betont FLECHSIG - als die technologische Wende der Didaktik selbst angesehen werden: „Es ist dies der Umstand, daß Lehrtechniken, deren aktueller Vollzug in den traditionellen Unterrichtssystemen an die physische Anwesenheit eines menschlichen Lehrers gebunden ist, von eben dieser physischen Präsenz abgelöst, objektiviert und einem Medium übertragen werden" (46). Die nicht mehr auf die Qualifikation des Lehrers, sondern auf seine Substitution gerichtete Anstrengung der didaktischen Theorie zeichnet sich in dieser Wende bereits ab. Doch bedarf die auf die Verfahrenstechniken des Unterrichts festgelegte Technologie notwendigerweise einer Ergänzung. Diese findet in der gegen Ende der Sechziger Jahre aufkommenden Curriculumdiskussion ihren Ausdruck.

Unterrichtstechnologie und Curriculumforschung sind indessen nur komplementär denkbar; denn die Curriculumforschung will nicht nur Ziele festlegen, sondern ihre Erreichbarkeit erproben, sie ist somit auf das differenzierte methodische Instrumentarium der Unterrichtstechnologie angewiesen, die ihrerseits ohne exakte Zielangaben nicht arbeiten kann.

2.2 Didaktische Theorie und der Lehrer

Die Analyse didaktischer Theoriebildung hat deutlich werden lassen, daß sich die Didaktik von einer Wissenschaft, die Unterricht *analysiert* und *interpretiert*, zu einer Wissenschaft entwickelt hat, die *für* Unterricht *qualifiziert*. Aus der Perspektive des Lehrers hat das zur Folge, daß sein unterrichtliches Handeln theoretischer und instrumenteller Qualifikationen bedarf.

Gerade bei SCHULZ aber zeigte sich, daß sich die Intention, Lehrer für Unterrichtshandlungen zu qualifizieren, recht einseitig an Mustern zweckrationalen Handelns orientiert, daß sie letztlich darauf abzielt, ihnen eine technologische Verfügung über Unterrichtsprozesse zu ermöglichen. Wenn indessen solche Prämissen noch keine praktischen Folgen hatten, so deshalb, weil die Theorie selbst nicht konkretisiert war, vielmehr auf eine komplementäre Instanz angelegt war, die sie im Unterricht selbst inhaltlich differenzierte.

Diese theoretische Selbstbegrenzung machte ein „außer-oder nachwissenschaftliches Engagement" des Lehrers notwendig, denn Instrumente konnten von der Theorie wohl bereitgestellt werden, eine Reihe von Aktivitäten konnten aber nur in der Unterrichtssituation ausgeführt werden. Das Instrumentarium einer technologischen Verfügung über unterrichtliche Prozesse erweist sich jedoch als ambivalent. Je mehr sich nämlich solche theoretischen Instrumente differenzieren und verfeinern, desto größer wird die Gefahr, sie direkt auf die Unterrichtsprozesse anzuwenden und sie nicht über eine Qualifizierung der Lehrer einzusetzen.

Dieses Ergebnis allerdings zwingt uns, die bildungsökonomische Diskussion mit der didaktischen zu konfrontieren, um einmal die Zusammenhänge sichtbar zu machen, zum andern Hypothesen für die weitere Entwicklung zu entwerfen.

3 Zusammenhänge von makro-ökonomischer und binnendidaktischer Entwicklung

Die nun folgende Konfrontation bildungsökonomischer Postulate mit der didaktischen Entwicklung soll zum einen die Möglichkeiten verdeutlichen, welche die Didaktik schon vor Beginn der Curriculumforschung geschaffen hat, sich den bildungsökonomischen Planungsvorstellungen als gefügig zu erweisen, und sie soll andererseits die Grenzen markieren, welche globalsteuernden Maßnahmen im bildungsökonomischen Sinne noch entgegenstehen. Diese Möglichkeiten beziehen sich vor allem auf zwei Punkte, die erstmalig im Ansatz von W. SCHULZ deutlich hervortreten:

1. Die Darstellung der Unterrichtshandlungen als Handlungen, die ökonomischer Zweckrationalität genügen müssen, erlaubt eine Analogie von Lern- und Produktionsprozeß. Mit der Analyse anthropogener und soziokultureller Voraussetzungen wird das „Rohmaterial" von Steuerungsprozessen vorgestellt. Dieses Rohmaterial weist bestimmte Eigenschaften auf. Aus ihm lassen sich mit geeigneten Produktionsverfahren bestimmte Produkte als Qualifikationen erzeugen. Dies geschieht mit Hilfe der Instrumente, die in den Entscheidungsfeldern des Modells dargestellt sind. Durch sie wird zugestanden, daß von bekannten Voraussetzungen ausgehend, eine Beeinflussung, eine Manipulation und Steuerung des Lernenden prinzipiell möglich ist. Lernprozesse sind daher sowohl in ihrer Richtung als auch in den Mitteln und Verfahren wie Produktionsprozesse planbar.

Indessen würde die ganze Planung nichts nützen, wenn das Produkt der Planung nicht sichtbar gemacht werden kann. Anders als beim Produktionsprozeß ist das Produkt des Lernprozesses, die Qualifikation, nicht jedermann offenbar.
Dies ist bereits der zweite Punkt, der einer bildungsökonomischen Forderung entgegenkommt.

2. Auf eine Nachprüfbarkeit und Kontrolle der erreichten Lernziele hat als erster O.W. HASELOFF gedrängt, als die Pädagogik an der Wende zu einer empirisch verfahrenden Disziplin stand (47). Das Postulat, die Pädagogik dürfe nicht nur Ziele aufstellen oder formulieren, sondern müsse ihre Einlösbarkeit auch empirisch nachprüfen, ist jedoch nicht bildungsökonomisch, vielmehr wissenschaftstheoretisch motiviert. Eine ähnliche Forderung findet sich in der Berliner Didaktik im Prinzip der Kontrollierbarkeit (48), das SCHULZ später an anderer Stelle mit einem engagierten Appell, Lernziele müßten prinzipiell die Möglichkeit ihrer Kontrolle enthalten, unterstreicht (49).

Doch haben die Analogien zum Produktionsprozeß auch deutliche *Grenzen*: Sie sind in den anthropologischen Grundlagen der lerntheoretischen Didaktik zu sehen. HEIMANN und SCHULZ gehen bei der Darlegung der soziokulturellen und anthropogenen Voraussetzungen davon aus, daß das Material gerade nicht so einheitlich bestimmbar ist, sondern sehr verschieden sein kann.

„Der Unterricht muß mit der Vorgeprägtheit des an ihm Teilnehmenden rechnen, sowohl Schüler als Lehrer bringen ihre Anlagen mit, ihre Erfahrungen in ihn ein.

Mit dem Zusammenschluß unterschiedlichster Schüler in einer Zielgruppe (Klasse) ist eine neue sozial-kulturelle Situation entstanden" (50).

Die je eigene Situation des Schülers bzw. einer Schulklasse, die *Ausgangspunkt* didaktischer Entscheidungen über Ziele, Inhalte, Methoden und Medien ist, machen eine Globalsteuerung, wie sie die Bildungsplanung vorsieht, unmöglich. Die Theorie ist für die *Unterrichtenden* gedacht und soll zunächst nicht mehr als *deren* Verfügung über Unterricht gewährleisten. Die explizite Selbstbegrenzung wird ganz deutlich in der - rhetorisch gemeinten - Frage von SCHULZ: „Wie sollte der Unterrichtswissenschaftler auf die Reflexion des Praktikers verzichten können, in dessen Analyse und in dessen Planung die Unterrichtstheorie zur Theorie einer speziellen Unterrichtssituation zu Ende entwickelt werden muß" (51)? Die komplementär zu handhabende Theorie durch Unterrichtswissenschaftler und Unterrichtspraktiker machte sie insgesamt als Instrument der Bildungsplanung ungeeignet. Steuerungsmechanismen und Meßbarkeit des Outputs haben in dieser Perspektive allerdings nur für den Lehrer und den Lernenden selbst unmittelbare Bedeutung.

Dennoch kann nicht geleugnet werden, daß die didaktische Theorie bereits Elemente entwickelt hat, die sie für die Bildungsökonomie interessant machen. Sie können dann unmittelbar relevant werden, wenn die individuellen Bedürfnisse der Schüler den gesellschaftlichen Erfordernissen untergeordnet werden, d.h. wenn der Ausgangspunkt ein anderer ist. Dann erscheint es auch möglich, auf einer relativ allgemeinen Ebene zentralisierter Steuerungsinstanzen eine Theorie der speziellen Unterrichtssituationen entwickeln zu lassen.

4 Entwicklung der eigenen Fragestellung

Die didaktische Diskussion war nun an einem für unsere Fragestellung entscheidenden Punkt angelangt: Die wissenschaftliche Theoriebildung ist nicht mehr auf die Qualifizierung der Akteure für die Praxis ausgerichtet, sondern auf die Bewältigung der Praxis selbst. Damit allerdings wird der Lehrer zu einer „Variablen" in der Theorie und ist nicht mehr eine Instanz, welche Theorie „handhabt".

Diese Hypothese bedarf natürlich des Nachweises in der Curriculumdiskussion selbst. Es ist folglich notwendig, diejenigen Momente in der Curriculumforschung genauer zu analysieren, die sich bereits bei der Untersuchung der didaktischen Wissenschaft als relevant für den Lehrer erwiesen haben.

Ein Anzeichen für eine Wende des Lehrerverständnisses zeigt sich in der Motivation der Curriculumforschung. Im Gegensatz zur Berliner Didaktik findet sich in der Curriculumdiskussion von Anfang an eine bildungsökonomische Motivation.

Zudem vollzog sich ein Wandel des Wissenschaftsverständnisses selbst. Erstmalig wird ein Theorieverständnis mit stärkerem Engagement sichtbar: Wissenschaften sind nicht nur in der Lage, Aktionsfelder zu strukturieren und Instrumente zu entwickeln, welche anderen Instanzen bei der Praxisbewältigung dienen; sie führen selbst Entscheidungen und Planungen aus.

Dann allerdings erscheint auch die Forderung nach einer Kontrolle des Erreichten in neuem Lichte: Eine Wissenschaft kann sich nicht mit der Findung und Formulierung von Lernzielen zufrieden geben, sie hat die Aufgabe, ihre theoretischen Intentionen praktisch einzulösen. In diesem Augenblick schließt die Forschung Praxisbewältigung mit ein.

Angenommen, zur Curriculumforschung würde tatsächlich praktischer Unterricht gehören, dann müßte man einwenden, daß solcher Unterricht ja nicht in den Schulen stattfinde, sondern allenfalls in einer „Laborpraxis" wissenschaftlicher Institute. Das hätte indes zur Folge, daß die empirisch erhärteten Unterrichtsplanungen zum Nachvollzug an die Lehrer verteilt werden müßten. Ein solches in der Didaktik vollkommen neuartiges Phänomen der Dissemination brächte für die Lehrer erhebliche Konsequenzen mit sich.

Damit ist unsere Ausgangshypothese unter drei verschiedenen Aspekten zu sehen:

a) unter dem Motivationsaspekt, der die Frage nach dem Wozu wissenschaftlicher Aktivität klärt.

b) unter dem Kompetenzaspekt, der die Frage klärt, wer unter welchen Voraussetzungen für die Bewältigung von Unterricht verantwortlich ist.
c) unter dem Disseminationsaspekt, der die Frage erhellt, wie Ergebnisse im Unterricht eingelöst werden können.

4.1 Aspekt der Motivation

Anders als in der präcurricularen Didaktik sind die Curriculumansätze - so zunächst unsere Annahme - bildungspolitisch bzw. bildungsökonomisch motiviert. Erweist sich nun die Curriculumforschung bildungsplanerischen Interessen gegenüber lediglich aufgeschlossener oder stellt sie explizit einen Zusammenhang zwischen ihren und den dortigen Intentionen her? Ist demzufolge Curriculumforschung und -planung nur ein besonderer „Ableger" der Bildungsplanung, oder steht sie, was ihre Erkenntnisinteressen betrifft, noch in der Tradition der Didaktik der sechziger Jahre?

Solche Fragen sind deshalb relevant, weil bereits bei der Motivation und dem Interesse der Forschung Vorentscheidungen darüber fallen, ob die Bedürfnisse der Lernenden, oder aber sozio-ökonomische Erfordernisse höher eingestuft werden. Von solchen Entscheidungen hängt es wiederum ab, welche Lernziele Priorität haben und wo über sie entschieden wird, in zentralen Instituten oder auf der Unterrichtsebene (52).

Wenn wir davon ausgehen, daß sich die Curriculumforschung vorrangig auf das Qualifikationspotential für die Aufgaben in der Industriegesellschaft konzentriert, so müssen wir weiter fragen, mit welchen Mitteln dieser inhaltliche Anspruch eingelöst wird. Die Tatsache hingegen, daß die inhaltliche Ausrichtung der Unterrichtsziele auf die Erfordernisse der Industriegesellschaft nicht mehr mit den bisherigen Mitteln erfolgen könnte, sondern neu zu schaffender Institute und der engagierteren Unterstützung der Wissenschaften bedürfte, wäre bereits ein Eingeständnis in die Unzulänglichkeit bisheriger Planungs- und Entscheidungsinstanzen. Eine Abkehr vom Lehrer und die damit verbundene Herausforderung an die Wissenschaften wäre aber nur möglich, wenn die neuen Instanzen selbst die entscheidenden Voraussetzungen mitbrächten.

4.2 Aspekt der Instanzen

Die zentrale Annahme in diesem Zusammenhang ist folgende: Die Wissenschaften, die mit der Lösung curricularer Fragen und Probleme befaßt sind, benötigen ein anderes Wissenschafts- und Theorieverständnis als die Pädagogik der geisteswissenschaftlichen Aera und deren unmittelbare Nachfolger. Was sich jedoch am Ausgang der geisteswissenschaftlichen Epoche der Pädagogik (53) gerade erst andeutete, gewinnt mehr und mehr Gestalt: Wissenschaften können sich heutzutage nicht mehr damit begnügen, Erkenntnisse zu gewinnen, sie müssen sich vielmehr um die Umsetzung der Erkenntnisse in Pläne mitbemühen (54). H. RITTEL hat diese Umorientierung der Wissenschaften in folgenden Punkten zusammengefaßt:

1. Die Wissenschaften „sollen Erkenntnisse nicht um ihrer selbst willen gewinnen - ohne Rücksicht auf ihre spätere Nutzung -, sondern im Hinblick auf konkrete Aktionsaufgaben" (55).
2. Wissenschaften müssen „instrumentell" sein, „indem sie die Mittel und Methoden für die Anwendung in konkreten Situationen entwickeln".
3. Eine Wissenschaft muß „pragmatisch" sein, „indem sie diese Anwendbarkeit ständig berücksichtigt und bei der Anwendung selbst beteiligt ist".
4. Derartige Wissenschaften müssen ,metawissenschaftlichen' Charakter haben, da sie u.a. Zusammenhänge zwischen Forschung, Entwicklung und Realisation untersuchen, die Verbindung zwischen Wissenschaften und Anwendung vermitteln und den polaren Gegensatz von Theorie und Praxis aufheben" (56).

In den Curriculumansätzen kommt ein derartiges Wissenschaftsverständnis mehr und mehr zum Durchbruch. Es hat zur Folge, daß die Didaktik als Entwicklungs- und Planungsinstanz dem Lehrer nicht nur zuarbeitet, sondern einen Teil seiner Funktionen ersetzt und damit seine Kompetenz unterwandert.

Schließlich aber wirft auch die Einbeziehung der Praxis in die Forschung neue Fragen und Probleme auf: Wird damit nicht der ursprüngliche Anspruch der Curriculumforschung, „Entscheidungen über die Inhalte des Bildungsprogramms" (57) rationaler zu gestalten, bedeutend erweitert? Gerät durch die These der empirischen Bewährung nicht die Curriculumforschung in den Verdacht, sich letztlich zur Unterrichtsforschung „aufzublasen"? Oder ist bereits der Curriculumbegriff in dieser Perspektive verändert oder erweitert?

Welche Angaben Curricula enthalten, muß schließlich ebenfalls einer genauen Analyse unterzogen werden. Die Vorschläge reichen von der Darstellung eines Rahmens für den Unterricht (was etwa der Begriff ,Rahmencurriculum' wiedergibt!) bis zur „Darstellung des Unterrichts über einen bestimmten Zeitraum, als konsistentes System mit mehreren Dimensionen zum Zwecke der Planung, der optimalen Realisierung und Erfolgskontrolle des Unterrichts" (57).

4.3 Aspekt der Dissemination

Wenn die Unterrichtswissenschaft in dieser Weise praktisch werden kann, dann muß sie die besondere Situation, in der das geschieht, reflektieren. Sie kann die Unterrichtspraxis der Schulen nämlich in Wahrheit nicht einholen, sondern schafft sich eine simulierte Situation, eine Laborpraxis. So bringt sie ein weiteres Problem hervor: die Dissemination. Das zentral Erprobte muß an die Schulen verteilt werden, wo es reproduziert werden soll. Das setzt allerdings voraus, daß die Bedingungen der Laborpraxis in der ,Schul'praxis vorhanden sind.

Dissemination verlangt demnach ein wohl organisiertes Kommunikationssystem zwischen den Unterrichtsproduzenten und -reproduzenten.

Die Frage ist, ob die Curriculumforschung derartige Folgeprobleme reflektiert und wie eventuelle Lösungsvorschläge aussehen: Wird für eine Beteiligung des Lehrers an der Forschung plädiert? Oder sollen die Lehrer in entsprechenden Lehrgängen in die rechte Handhabung der Curricula eingewiesen werden? Werden überhaupt praktikable Modelle entwickelt oder begnügt man sich mit Appellen?

4.4 Hypothesenbildung und Resümee

Für die nachfolgende Analyse der Curriculumdiskussion sollen nun folgende Hypothesen formuliert werden. Sie ergeben sich aus der Entfaltung der zentralen These in den dargestellten Aspekten.

Hypothese 1:
In der Curriculumforschung verbindet sich der inhaltliche Anspruch, nämlich Qualifikationen zu schaffen, die der sozio-ökonomischen Situation gerecht werden, sogleich mit einem organisatorischen: Wissenschaft selbst soll die Einlösung dieses Anspruchs garantieren. Damit vollzieht sich für die Wissenschaft ein Wandel von der Qualifikationsinstanz für Akteure der Praxis zur Planungsinstanz.

Hypothese 2:
Wissenschaften in der Rolle von Planungsinstanzen weisen ein anderes Selbstverständnis auf. Die Curriculumansätze lassen eine solche Veränderung sichtbar werden, ignorieren allerdings weitgehend, daß auch bisher für den Unterricht geplant wurde, daß also die Wissenschaften die Kompetenz bisheriger Planungsinstanzen in Frage stellen.

Hypothese 3:
Ob in der Curriculumplanung lediglich ein Rahmen für den Unterricht erstellt oder ob der Unterricht selbst im Detail gestaltet werden soll, ist in der Curriculumdiskussion meist nicht explizit dargestellt. Einen Hinweis dafür liefern indessen die Ausführungen zum Curriculumbegriff, denn aus ihm geht hervor, ob im Curriculum nur Rahmenangaben oder bereits mehr enthalten sein soll.

Hypothese 4:
Das Theorie - Praxis - Verhältnis der Didaktik erhält im Zuge der ihr eigenen empirisch-analytischen Methodologie eine neue Gestalt: Die Praxis erhält zwei Ebenen, eine Forschungspraxis (Unterricht im Labor!) und die Praxis der Schulen. Es entsteht der Verdacht, als handle es sich bei der Forschungspraxis um eine produktive, in den Schulen hingegen nur mehr um eine reproduktive Praxis.

Hypothese 5:
Das Disseminationsproblem ist in der Curriculumdiskussion praktisch noch nicht gelöst.

Teil II
Analyse der Curriculumdiskussion

1 Anmerkung zur Auswahl

Mit Hilfe der gewonnenen Folie die Curriculumdiskussion zu analysieren, verlangt zunächst Kriterien für die Auswahl aus einer Flut von Beiträgen, die kaum mehr zu überblicken sind. Aus der Perspektive der oben erörterten Zusammenhänge, vor allem der bildungspolitischen Implikationen und der Disseminationsproblematik, ist eine der Forderungen, daß der Ansatz die bildungspolitische Szenerie der BRD berücksichtigen muß. So ist beispielsweise das FAL-Projekt der Fribourger Arbeitsgruppe für Lehrplanforschung deswegen irrelevant, weil es explizit auf die Schweizer Schulverhältnisse bezogen ist. Sowohl von der bildungspolitischen Relevanz der Curriculumdiskussion, insbesondere aber von unseren speziellen Intentionen her gesehen, die nach den Folgen für den Lehrer des öffentlichen allgemeinen Schulwesens fragt, kann auf diesen Bezug nicht verzichtet werden.

Ferner sind für uns jene Ansätze relevant, die sich explizit mit Verfahren und Strategien zur Entwicklung von Curricula auseinandersetzen. Die angelsächsischen Taxonomien der Lernziele (58) oder Konzepte der „Structures of Knowledge" (59) bleiben deshalb unberücksichtigt, weil sie zwar eine mögliche Struktur des Curriculums beschreiben, aber die Frage, wie Curricula entstehen sollen, wer die Instanzen sind und welche Verfahren angewendet werden sollen, nicht beantworten.

Indessen lenkt gerade die bildungspolitische Brisanz der Curriculumdiskussion die Aufmerksamkeit auf jene Wissenschaftler, welche ihr politisches Engagement durch ihre Mitarbeit im BILDUNGSRAT unterstreichen (60). Nicht von ungefähr wird bei interkulturellen Vergleichen der Diskussionsstand in der Bundesrepublik an den Veröffentlichungen des Bildungsrates abgelesen. Deshalb ist es für uns wichtig, die Konzepte derjenigen Verfasser zu analysieren, die gleichzeitig als Gutachter für den Bildungsrat in Erscheinung traten, weil von solchen Entwürfen anzunehmen ist, daß sie zumindest teilweise in die bildungspolitischen Entscheidungsprozesse Eingang finden und keine „Makulatur vergilbender Universitätsweisheiten" darstellen.

Vor diesem Hintergrund treffen wir nun unsere Auswahl: Der Ansatz von ROBINSOHN ist für uns deshalb relevant, weil er die grundsätzliche Problematik der Curriculumforschung aufzeigt und weil das theoretische Konzept auch für die Nachfolger richtungweisend war.

BLANKERTZ möchte mit seinem fachdidaktischen Ansatz nicht nur eine Strategie zur Entwicklung von Curricula, sondern eine Möglichkeit zur Konstituierung einer Fachdidaktik vorstellen. Da im Kontext dieses erweiterten Anspruchs auch Fragen der Lehrerausbildung eingeschlossen sind, ist er für uns äußerst relevant. Mit seinem Laborschulenprojekt bearbeiten HENTIG und seine Mitarbeiter ein sehr ehrgeiziges Vorhaben: Curricula werden nicht nur nach wissenschaftlichen Maßstäben geplant, sondern in eigenen Schulen auch erprobt. Hieraus ergibt sich eine besonders pikante Konsequenz für unsere Fragestellung. Als Exkurs soll auch FLECHSIGs Ansatz referiert werden, obwohl er sich nur mit einem Teilproblem der Curriculumentwicklung befaßt. Fragen der Rationalisierung von Entscheidungsprozessen erscheinen indessen nicht nur für Lehrplankommissionen auf Landesebene bemerkenswert, sondern auch für die Entscheidungen, die in Schulkonferenzen fallen. Besonders schwierig scheint die Analyse der Texte von bildungspolitischen Gremien und Institutionen, weil diese Diskussion laufend Wandlungen unterworfen ist. Für uns sind deshalb weniger einzelne Fakten interessant, sondern vielmehr die besondere Struktur des Dialogs unterschiedlicher Instanzen (Politiker, Wissenschaftler und Praktiker). Diese Auswahl ist auch insofern repräsentativ, als sie sowohl theoretische Ansätze und Forschungsprojekte als auch die Publikationen der bildungspolitischen Gremien in der Bundesrepublik berücksichtigt.

2 Globaler Ansatz der Max-Planck-Gruppe

Saul B. ROBINSOHN, der frühere Direktor der Abteilung Pädagogik und Psychologie des Instituts für Bildungsforschung in der Max-Planck-Gesellschaft, schlug im Jahre 1967 einen neuen Ansatz für die Reform des Bildungswesens vor. Die von ihm in seiner Schrift „Bildungsreform als Revision des Curriculum" rezipierten Ansätze, der ökonomisch-statistische (in der Bildungsplanung als man-power-Ansatz bekannt), der sozialkritische (die Wortführer: DAHRENDORF und PICHT (61)) und schließlich der unterrichtstechnologische, litten alle unter einem Mangel: sie schrieben die Bildungsprogramme, die auf Funktionen einer früheren Bildungsperiode zugeschnitten seien (62), fort und blieben damit letztlich ineffektiv.

Ein vierter Weg müsse - so ROBINSOHN im Jahre 1967 - beschritten werden: Die Revision der Inhalte. Dieser vierte Weg ist indessen eher als eine notwendige Ergänzung der anderen drei anzusehen und weniger als selbständiger und unabhängiger Ansatz zur Reform des Bildungswesens. Schon im Jahre 1969 stellte der Autor Motive der

Curriculumforschung heraus, die dies deutlich werden ließen: Erziehung und Wissenschaft seien in unserer Zeit wichtige Produktionsfaktoren, da sie die für die Arbeit notwendigen Qualifikationen schafften; außerdem sei jede strukturelle Reform automatisch mit inhaltlichen Revisionen verknüpft, und schließlich zwinge die internationale Konkurrenz auf vielen Gebieten zu besonderen Anstrengungen, auch auf dem Gebiet der inhaltlichen Reform (63). Damit werde eine Komplementfunktion der Curriculumforschung herausgestellt: „Sie versteht sich somit nicht als Neukonzeption der Didaktik, sondern nur als notwendiges Komplement zu all den aktuellen Ansätzen, die sich um eine Reform des Bildungswesens bemühen" (64). Das Bemühen um Integration seines Ansatzes sowohl in die bildungspolitische als auch in die didaktische Diskussion der BRD ist bei ROBINSOHN von Anfang an zu erkennen gewesen. Der Durchbruch der Curriculumdiskussion in Deutschland ist ihm wohl auch deshalb so gut gelungen, weil er mit einem großen Paket von ausländischen Erfahrungen ausgestattet die Grenzen der deutschen Didaktik (65) aufdeckte und ihr neue Dimensionen erschloß.

Sein Ansatz geht von drei grundlegenden Thesen aus:

1. „Die Curriculumentwicklung .. ist .. ein notwendiger und wesentlicher Bestandteil der Bildungsreform."
2. „Die geltenden Bildungsziele und Bildungsinhalte .. entsprechen nicht mehr der gegenwärtigen Situation."
3. „Die Didaktik hat Instrumente für eine wirksame Revision dieser Gehalte und der durch die angestrebten Zielsetzungen bisher nicht geschaffen" (66).

Man könne die Schulverwaltung und die Lehrer mit Fragen der Lehrplanentwicklung nicht mehr alleinlassen und müsse deshalb durch Methoden systematischer, objektiver Ermittlung curriculare Entscheidungen vorbereiten, um diese aus Beliebigkeit, aus pädagogischem und politischem Dezisionismus herauszuführen und in „Formen eines rationalen gesellschaftlichen Konsens" (67) überzuleiten.

Dabei ist zunächst für unsere Fragestellung wichtig, wo (und damit von wem) solche Entscheidungsvorbereitungen geleistet werden sollen. ROBINSOHN geht davon aus, daß mit politischen Organen zusammengearbeitet werden muß, da sie „über die erforderliche Autorität verfügen, die notwendigen Kompetenzen aktivieren und ein erhebliches Maß von Kooperation gewinnen können" (68). Aus dieser Perspektive hält er es für notwendig und unumgänglich, auf nationaler Ebene große Zentren für Curriculumforschung und -planung einzurichten: „Es wird deutlich, daß das Fehlen einer zentralen Curriculum-Instanz innovative Mobilität und rationale Reformen behindert" (69). Auch in der BRD werde die Notwendigkeit zentraler Curriculumplanung allmählich eingesehen (70). Die neuere Entwicklung gibt ROBINSOHN inzwischen Recht. Erst jüngst hat eine Bund-Länder-Kommission für Bildungsplanung die Einrichtung einer Zentralstelle für Curriculumforschung beschlossen, über die an anderer Stelle noch ausführlich berichtet werden soll (71).

Doch diese Frage gewinnt erst im Kontext mit der Frage nach dem Inhalt der Curriculumentwicklung an Brisanz, denn erst, wenn die Aktivitäten identifiziert sind, die zentralisiert werden sollen, können Konsequenzen für unsere Fragestellung gezogen werden.

Dies ist zunächst nicht anders möglich, als durch die Analyse des Curriculumbegriffes selbst.

„Ein Curriculum beschreibt die Aufgaben der Schule in der Form von strukturierten Lernerfahrungen, bezogen auf beabsichtigte Verhaltensresultate" (72). Der Unterschied zum traditionellen Lehrplan (als Kanon von Inhalten) wird im folgenden Zitat sichtbarer: „Wir übersehen nicht, daß Inhalt immer nur einen, wenn auch einen sehr wesentlichen Aspekt der bildenden Einwirkung darstellt, und daß überdies zur Curriculumentwicklung neben der Identifizierung von Bildungszielen und -inhalten auch deren Organisation im Lehrplan und Anweisungen zur Durchführung und zur Erfolgskontrolle gehören. Vor allem in den Vereinigten Staaten wird auf eine all diese Aufgaben verbindende integrale Curriculumentwicklung Wert gelegt" (73). Diesen umfassenderen Inhalt entlehnt ROBINSOHN nicht nur der amerikanischen Diskussion, sondern ebenso einem der deutschen Pädagogik inzwischen entschwundenen Begriff der Barockzeit, in der noch „die enge Verbindung der Bemühungen um Auswahl und Planung der Lehrinhalte, um Ausprägung der durch sie intendierten Bildungsziele und um die Erarbeitung der ihnen entsprechenden Lehrmethoden" bekannt waren (74).

Bei der Bereitstellung von Lehrmethoden jedoch macht das ROBINSOHN'sche Curriculum nicht halt. Es fordert die Überprüfbarkeit: „Im Zusammenhang mit der Überprüfung von Leistungs- und Unterrichtserfolg ist man bemüht, derartige Qualifikationen so zu operationalisieren, daß ihre Aneignung empirisch feststellbar und überprüfbar wird. Der Versuch, auf diesem Wege zu einer „Taxonomie" der Bildungsziele zu gelangen, ist freilich ebenso interessant wie bisher unbefriedigend. Ebensowenig kann es jedoch genügen, wenn man sich bei der Formulierung der Ziele in allgemeinen unverpflichtenden und unüberprüfbaren Proklamationen ergeht, wie dies nur allzu häufig in den gebräuchlichen Richtlinien der Fall ist" (75).

Die verschiedenen Zitate zeigen drei hervorstechende Merkmale, durch die sie sich ein Curriculum vor allem von herkömmlichen Richtlinien abhebt:

1. Es soll einen durch eine Taxonomie strukturierten Lernziel-Katalog enthalten.
2. Es gibt gleichzeitig methodische und organisatorische Anweisungen seiner Vermittlung.
3. Die Lernziele müssen überprüfbar sein.

Punkt (3) bedeutet natürlich, daß sie schon einmal überprüft worden sein müssen, damit auch ihre Erreichbarkeit nachgewiesen ist. Das wiederum ist nur möglich in praktischen Unterrichtsvollzügen.

ROBINSOHN hat indessen bestimmte Gründe, die wichtigsten didaktischen Kategorien Ziel und Inhalt, Methode und Organisation, sowie die didaktischen Aktivitäten der Planung und Kontrolle zentralen Instanzen zur Entscheidung zu überantworten: zwischen ihnen besteht eine „enge Verbindung" (76), ein konstitutiver Zusammenhang. Dieser würde ignoriert, wenn man beispielsweise inhaltliche Entscheidungen zentral, methodische hingegen dezentral fällen würde, ja: es wäre von der Struktur des didaktischen Gegenstandes her gesehen gar nicht möglich, eine solche künstliche Trennung zu institutionalisieren; denn eine gegenseitige Abhängigkeit der didaktischen Faktoren besagt ja, daß entweder in den Zielentscheidungen bereits methodische enthalten sind, oder aber die Zielentscheidung selbst wird durch alternative methodische Entscheidungen abgewandelt. Darin tut sich freilich eine interessante Parallele zur Berliner Didaktik auf, die bereits NIPKOW notierte (77). Beide Positionen argumentieren, die Didaktik dürfe nicht auf eine Ziel-Inhalts-Problematik reduziert werden, sondern müsse die Reflexion über Methode, Medium und Organisation des Unterrichts mit aufnehmen. Der Unterschied der beiden Konzepte ist indessen folgenschwer für den Lehrer: Während HEIMANN/SCHULZ ihre umfassende Strukturtheorie als Instrumentarium in der Hand des Lehrers ansehen, ist für ROBINSOHN durch seine Forderung nach Zentralisierung eine andere Sachlage gegeben, selbst wenn er noch die Frage stellt: „Was wollen wir: ein maximal offenes oder ein maximal geplantes Curriculum? - Keineswegs eine Frage, die selbstverständlich zu beantworten wäre. Wollen wir nur das fördern, was die erwähnten Strukturen ebnet, aber im übrigen offen lassen, was an substantiven Gehalten übermittelt werden soll" (78)?

Die Berliner Didaktik und der Curriculumansatz ROBINSOHNs weisen jedoch noch einen weiteren Unterschied auf, der im Kontext unserer Fragestellung bedeutsam ist: Die lerntheoretische Didaktik vermochte den Irrationalismus der Entscheidung trotz ideologiekritischer Analysen nicht aufzuheben und mußte die Entscheidung selbst als „Akt der Freiheit" (79) des Lehrers preisen (oder verschleiern, wie man will), während ROBINSOHN die Rationalität der Entscheidungen als das Hauptmotiv der Curriculumforschung ansieht. Gerade diese Entscheidungsrationalität aber - so muß man ROBINSOHN weiter interpretieren - kann beim einzelnen Lehrer nie erreicht werden, weshalb man zentrale, unter der Regie von Wissenschaften stehende Einrichtungen schaffen müsse.

In diesem Anspruch nach „Innovationsinstituten" in der Hand der Wissenschaften schleicht sich freilich ein Verständnis von „Wissenschaft" ein, das es noch gar nicht gibt.

H. BLANKERTZ hat es - pointiert - so ausgedrückt: „Das alles ist Ausdruck einer Situation, die für die Pädagogik völlig neu ist. Denn zum ersten Mal in der Geschichte des Schulwesens sollen Innovationen wissenschaftlich bis ins einzelne geplant, sollen schulorganisatorische Änderungen unter Berücksichtigung aller Bedingungsfaktoren und Nebenwirkungen berechnet, sollen neue Unterrichtsgebiete durch eine vorgängige Theorie, gesichert durch Experiment und Erfolgskontrolle eingeführt werden. Für die Lösung solcher Fragen aber müßte eine konstruktive Lehrplantheorie zur Verfügung stehen, nicht nur eine analytische Deutung der Faktoren, die Lehrpläne so haben werden lassen, wie sie uns vorliegen" (80). Damit lebt die Curriculumtheorie vorerst von nicht mehr als einem Anspruch. Denn es ist nicht nur die Defizienz der Voraussetzungen offenkundig; ebensowenig sind die Konsequenzen eines derartigen Theorieverständnisses für die Erziehungspraxis reflektiert. Es muß allerdings erhebliche Konsequenzen für den Lehrer haben, wenn er die Legitimität seiner Arbeit nicht mehr aus der Tradition, aus einer nicht weiter begründbaren Evidenz einer natürlichen Entwicklung herleitet, sondern seinen Unterricht als das ständige Experiment wissenschaftlicher Hypothesen aufzufassen lernen und, soweit ihm Entscheidungen nicht bereits abgenommen sind, diese mit Hilfe wissenschaftlicher Kriterien treffen muß. Der radikale Wandel gegenüber einer Theorie, die nur an der Beschreibung und Deutung einer (vorgängigen) Erziehungspraxis interessiert war, ist offenkundig.

Aber auch für die wissenschaftliche Ausbildung der Lehrer sind die Konsequenzen unübersehbar: Daß derartige Veränderungen mit erheblichen Konsequenzen für die Lehrerausbildung verbunden sind, wurde damals noch nicht erkannt, geschweige denn im einzelnen durchdacht.

So ist auch die Rolle, die der Lehrer in der ganzen Entwicklungs- und Erprobungsprozedur spielen soll, wenig reflektiert. Aus den wenigen Äußerungen, die bislang zu diesem Thema vorliegen (und die später systematisch dargestellt werden sollen), kann man eigentlich nur schließen, daß der Lehrer mit der Ausführung von Planungen beauftragt werden soll, die andernorts und von anderen Instanzen geleistet worden ist. Die Rechtfertigung für eine derartige Kompetenzverteilung bezieht eine Mitarbeiterin von ROBINSOHN, die sich als erste ausführlicher dem Thema Curriculum und Lehrer zuwandte (81), (Doris KNAB), aus der Tatsache, daß der Lehrer auch bislang nur ausführendes Organ sog. Ersatzcurricula war: „Da die Prämissen und Konsequenzen bestimmter Ziele und ihrer Verknüpfung mit bestimmten Lernsequenzen ihm (dem Lehrer, H.H.) nicht deutlich werden und da er sich nur an sehr globalen Zielen orientieren kann, hat er weder einen Maßstab für die Auswahl, die Anordnung und die Anlage der von ihm zu sichernden Lernerfahrungen, noch dafür, ob er das gesetzte Ziel erreicht hat. Die Richtlinien setzen ihn also frei für eine sich selbst regulierende Praxis, in der sie nicht ernstlich die Richtung bestimmen, und für den Markt der Lehr- und Lernmittel, deren Beziehung zu den Richtlinien ebenso unklar ist, die aber an Detailliertheit nichts zu wünschen übrig lassen und sich als das eigentliche Curriculum etablieren" (82).

Interpretiert man diese Ausführungen jedoch unter dem Aspekt der ROBINSOHNschen Forderung nach Zentralisierung der Curriculumplanung, so bleibt höchst fragwürdig, ob mit der Verwissenschaftlichung der Curriculumentwicklung und Unterrichtsplanung ein sicheres Steuerungsinstrument für den Lehrer geschaffen werden soll oder ob es nicht doch um eine Fernsteuerung des Lehrers geht (was D. KNAB noch zugunsten des ersteren beantwortet wissen möchte (83).

Nun aber zu den theoretischen Aussagen ROBINSONs selbst: Er geht von der Notwendigkeit einer Gesamtrevision des Curriculums aus und stellt deshalb an den Anfang drei fundamentale Annahmen:

1. „In der Erziehung .. wird .. Ausstattung zur Bewältigung von Lebenssituationen geleistet."
2. „Diese Ausstattung geschieht, indem gewisse Qualifikationen und eine gewisse „Disponibilität" durch die Aneignung von Kenntnissen, Einsichten, Haltungen und Fertigkeiten erworben werden."
3. „.. Ausgewählte Bildungsinhalte sind zur Vermittlung derartiger Qualifikationen bestimmt" (84).

In den drei Annahmen, die weder auf ihre anthropologischen Voraussetzungen noch auf die Folgen, die bei solcher Erziehung entstehen, befragt sind, wird freilich ein Begriff von Erziehung und Unterricht offenbar, der nicht nur geeignet erscheint, vor allen anderen bestehenden Bedürfnissen die Erfordernisse von Gesellschaft, Wirtschaft, Staat, etc. zur Geltung zu bringen, sondern der darüber hinaus gut in das Konzept paßt, das die Schaffung der Qualifikationen mit Hilfe der Globalsteuerung erreichen möchte. Denn: Den Ausgangspunkt bildet ein außerhalb jedes individuellen Bedürfnisses stehender Katalog von Situationen, und die Qualifikationen sind nur deren Reflex.

Die Curriculumforschung hat im einzelnen folgende Aufgaben: Der erste Schritt ist die Identifikation und Analyse von Situationen, die im Leben zu bewältigen sind. Die Qualifikationen, welche die Bewältigung der Lebenssituationen gewährleisten sollen, sind aus diesen ableitbar und anschließend operational zu definieren. Wenn Qualifikationen allerdings nur über Curriculum-Elemente (so wenigstens im schulischen Lernprozeß!) erworben werden können, so ist das eigentliche Zentrum curricularer Aktivität „die Herstellung relevanter Verbindungen zwischen Qualifikationen und Curriculumelementen" (85). Da dies alles natürlich nur auf einer mittleren Abstraktionsebene geschehen kann, sind Transferhypothesen zu entwickeln, die sowohl die qualifizierende Wirkung von Curriculumelementen als auch ein breites Anwendungsspektrum der Qualifikationen selbst zu sichern imstande sind (86).

Um diese Aufgabe und ihre Kontrolle angemessen bewältigen zu können, bedarf es der Ermittlung von Kriterien, der Konstruktion geeigneter methodischer Verfahrensweisen und der Bestimmung von Instanzen. Bei der Nennung der Kriterien geht ROBINSOHN vom entgegengesetzten Punkt aus als bei den Annahmen: An erster Stelle steht der Gegenstand im Gefüge der Wissenschaft, dann erst wird nach seiner Leistungsfähigkeit für das Weltverständnis und nach seiner Funktion in verschiedenen Verwendungssituationen gefragt. Bei seinen Annahmen kann man ROBINSOHN noch nachsagen, er wende sich gerade gegen die allgemeine Auffassung, das Curriculum müsse von den Fachwissenschaften ausgehen (the disciplines as sources of the curriculum!). Auf der Ebene der Kriterien hätte man dann allerdings erwartet, daß er bei der Auswahl eines Gegenstandes (dem sollen ja wohl die Kriterien dienen!) von diesen Funktionen in spezifischen Verwendungssituationen und seiner Leistungsfähigkeit für das Weltverständnis ausgeht, und nicht von seiner wissenschaftlichen Bedeutung.

Dieselbe Inkonsequenz zeigt sich sodann bei der Nennung der Verfahrensweisen. Es ist auch hier nicht ganz einzusehen (und entspricht außerdem nicht der Reihenfolge, die bei den Annahmen aufgestellt wurde!), daß zuerst die qualifizierende Wirkung von Gegenständen durch Testverfahren etc. eruiert werden soll, um später bei Arbeitsplatzanalysen möglicherweise feststellen, daß für die zu gewinnende Qualifikation gar keine Verwendungssituation gegeben ist.

Die in dieser Problematik enthaltenen Widersprüche sind für unsere Fragestellung peripher, wichtig jedoch sind die verschiedenen Verfahren selbst, da sie über die Teilnahme von Lehrern an der Curriculumentwicklung Auskunft geben.

ROBINSOHN schlägt eine empirische „Analyse von spezifischen gesellschaftlichen, also auch beruflichen Verwendungssituationen und Bedürfnissen zum Nachweis erforderlicher Funktionen" (87) vor. Er räumt den Ergebnissen allerdings einen nur sehr begrenzten Aussagewert ein, weshalb an ihre Stelle (vor allem auch deshalb, weil sie sehr lange Zeit in Anspruch nehmen würden) Expertenbefragungen zu treten hätten.

Solche Expertenbefragungen erbringen umso mehr, je detaillierter der Fragekatalog entwickelt ist und je eindeutiger die vereinbarten Kriterien sind. Nicht unproblematisch ist jedoch die Zuordnung von entsprechenden Qualifikationen durch die verschiedenen Experten; daher sieht ROBINSOHN eine ideologiekritische Begrenzung der Aussagen anderer Gruppen und Rückfragen vor. Erst dann sollen Entscheidungen in Kenntnis der Alternativen getroffen werden. Einer empirischen Prüfung eher zugänglich ist - nach ROBINSOHN - die Relation von Qualifikationen mit bestimmten Curriculum-Elementen. Er schlägt spezielle Testverfahren und systematische Experimente vor, ohne allerdings näher darauf einzugehen. Diese Partien der Prozedur sind jedoch nur in der Form umfangreicher F o r s c h u n g e n zu leisten. Sie sind nicht ohne Arrangement mit der Schulpraxis und damit auch mit Lehrern denkbar. Es müßten zu diesem Zwecke eigene Kommunikationssysteme zwischen Forscher- und Lehrerteams entwickelt werden, wie es etwa HENTIG gezeigt hat (88).

Dasselbe gilt für die Überprüfung von Transferhypothesen, vor allem im Bereich der Austauschbarkeit der Inhalte für bestimmte Qualifikationen. Es wird in diesem Teil der Curriculumentwicklung allerdings sehr deutlich, daß eine rationale Entscheidung an Forschungsergebnisse gebunden ist, für welche die Forschung noch gar nicht eingeleitet ist, deren Fragestellungen und Probleme im Detail noch gar nicht bekannt sind und die nur im Arrangement mit einem Partner, dem Lehrer, gelingen, der darauf wenig vorbereitet scheint, dessen Verhältnis zu Forschung völlig ungeklärt ist und dessen Selbstverständnis, Ausbildung und Qualifikationen sich unter diesen Voraussetzungen ändern müßten. Es erscheint allerdings in diesem Zusammenhang auch noch als notwendig, die völlige Andersartigkeit der hier proklamierten empirischen Forschung herauszustellen: sie ist

ROBINSOHN-Modell (Übersicht)

Annahmen	Kriterien	Aufgabe der Forschung	Kontrolle	Instanzen
Situationen ↓	Funktion eines Gegenstandes in verschiedenen Verwendungssituationen ↑	Identifikation der Situationen durch Arbeitsplatzanalysen, etc. Expertenbefragungen empirische Forschung	Kontrolle d. Veränderungen von Situationen	Wissenschaftler Vertreter der Verwendungsbereiche als Experten
Qualifikationen ↓	die Leistung des Gegenstandes für das Weltverständnis ↑	Zuordnung geeigneter Qualifikationen durch Expertenbefragungen Konfrontation mit psychologischen Theorien	Kontrolle der Situationsentsprechung von Qualifikationen	Human- und Verhaltenswissenschaftler Fachwissenschaftler; Didaktiker
Curriculum-Elemente	Bedeutung des Gegenstandes im Gefüge der Wissenschaften	Identifikation der qualifizierenden Wirkung von Curriculum-Elementen durch systematische Experimente und Testverfahren	Kontrolle der qualifizierenden Wirkung von Curriculum-Elementen	Human- und Fachwissenschaftler Didaktiker

nicht eine empirische Überprüfung der gegenwärtigen Erziehungspraxis; dies kann zusätzlich notwendig werden, wenn etwa in kurz- und mittelfristigen Curriculumkonzepten eine Bestandsaufnahme zur Fixierung des Ausgangspunktes für eine Veränderung erforderlich wird. Diese empirische Forschung besitzt vielmehr „Werkstattcharakter"; sie stellt die experimentelle Überprüfung der Realisierungsmöglichkeit von Innovationen dar. Hier ist ein Rückgriff auf eine gegebene Praxis nur bedingt möglich. Die innovative und kreative Aktivität stellt auch die Wissenschaft vor neue erkenntnistheoretische und methodologische Probleme, ganz abgesehen davon, daß die dort tätigen Lehrer in kreativer Weise engagiert sein müssen. Für beide also, für den Wissenschaftler wie für den Lehrer wird in dieser Perspektive ein radikaler Angriff auf ihr Selbstverständnis sichtbar.

ROBINSOHNs Ansatz impliziert diesen Angriff, wenn auch die Konsequenzen für Wissenschaft und Lehrer bislang noch kaum gesehen werden. Mit anderen Worten: Der Grund für die Tatsache, daß verschiedene Mitarbeiter (89) den Ansatz als gescheitert ansehen, ist in den von Anfang an nicht mitgedachten Konsequenzen für das Selbstverständnis von Wissenschaft und Lehrer zu sehen. Angedeutet ist dies auch bereits in dem Aufsatz von D. KNAB: „Sie (die Forderung nach einer neuen wissenschaftlichen Grundlage, H.H.) hat das eigentliche Problem erst in voller Schärfe sichtbar gemacht, einerseits muß eine Curriculumforschung und eine auf sie gestützte Curriculumentwicklung, für die bisher fast alle Voraussetzungen fehlen, aufgebaut werden, und das macht die Curriculumreform mehr und mehr zu einer Sache von Spezialisten. Andererseits ist auch eine derart verbreitete Curriculumreform zum Scheitern verurteilt, wenn die Lehrerschaft sie nicht mitträgt und das heißt, sich in ihr engagiert und engagieren kann" (90). Hier drückt sich überdeutlich auch die Veränderung der Lehrerrolle aus.

ROBINSOHN nennt neben den Vertretern der Verwendungsbereiche Fachwissenschaftler (das sind die Vertreter der schulrelevanten Fächerdisziplinen) sowie Humanwissenschaftler (Psychologen, Soziologen sowie Pädagogen und natürlich auch Didaktiker). Unzulänglich expliziert ist vor allem die Rolle der Pädagogik, deren Rolle als Mitträger (neben politischen Instanzen der Curriculumforschung) nicht von der als Instanz im Prozeß selbst getrennt wird. Außerdem werden sowohl Wissenschaftler als auch Lehrer sehr häufig als Vertreter der Pädagogik aufgefaßt.

Genauso ist zu fragen, ob die Didaktik, die bei D. KNAB des öfteren genannt wird (91), hier als wissenschaftliche Disziplin aufzufassen ist, und durch welche Vertreter sie repräsentiert wird.

Während also die Aussagen über die Didaktik ambivalent bleiben, haben sich ROBINSOHN und seine Mitarbeiter an verschiedenen Stellen ihrer Aufsätze sporadisch zur Mitarbeit des Lehrers an der Curriculumentwicklung geäußert. Wegen der Bedeutung für unsere Fragestellung sollen die diesbezüglichen Aussagen im folgenden ausführlicher zitiert werden, zumal wir damit gleichzeitig die verschiedenen Aspekte systematisieren, die in dieser Frage stecken und außerdem dokumentieren können, daß die Person des Lehrers für diesen Ansatz in den letzten Jahren zunehmend relevant wird; das ist vielleicht eine exemplarische Situation der Curriculumforschung überhaupt:

1. Motivation der Beteiligung:
„Veränderungen, an denen die Betroffenen nicht mitwirken, setzen sich nicht durch." (KNAB, 1969)

2. Kooperation mit anderen Instanzen:
„Die Gewinnung und Zuordnung von Curriculumelementen ist nur in Kooperation von Lehrern und Fachdidaktikern, Fachwissenschaftlern und Verhaltenswissenschaftlern denkbar." (KNAB, 1969)

3. Offene Fragen:
„Es ist ferner die Rolle des Lehrers als Mitarbeiter in der Curriculumentwicklung nirgend befriedigend geklärt." (ROBINSOHN, 1969 a)

„Welches sind Orte, Möglichkeiten, Rechte, Pflichten des Lehrers als Ausführender, als Teilnehmer, als Mitbestimmender in der Curriculumentwicklung? Dies scheint mir eine Frage zu sein, die in Theorie und Praxis noch zu klären ist." (ROBINSOHN, 1969 a)

4. Teilnehmerzahl:
„Dabei muß man sich über eines klar sein: Der Prozentsatz der Lehrer, die unmittelbar an der Curriculumforschung und -entwicklung beteiligt sein können, wird immer gering sein." (KNAB, 1969)

5. Einschränkung der Verantwortung bei der Teilnahme:
„Auch kann der Lehrer die entscheidende Stimme gar nicht beanspruchen, da es sich um Werte, Anforderungen und objektive Bedingungen handelt, die nur durch verschiedene Formen disziplinierter und konventioneller Informationsgewinnung ermittelt werden können." (ROBINSOHN, 1969 a)

„Es ist ja schon in der Lehrerbildung so vieles versäumt worden, was ihn zu einer solchen Mitarbeit befähigen könnte. ... Der Grundsatz der Lehrerautonomie ... ist ja ein Mythos.

Eine solche Lehrerautonomie gibt es nicht; im Gegenteil, die geglaubte Autonomie verhindert unter Umständen das, was möglich ist, nämlich die Teilnahme des Lehrers auf den verschiedenen Ebenen der Entscheidung." (ROBINSOHN, 1969 a)

6. Kompetenz des Lehrers:
„Die spezifische Kompetenz des Lehrers für die pädagogische Dimension von Fachwissenschaften wird dabei ohne Zweifel richtig eingeschaltet und kann sich voll auswirken." (KNAB, 1969)

„Nichtsdestoweniger kommt ihm ein gewichtiger Einfluß zu, sowohl im Lichte einer besonderen Erfahrung und Einsicht als auch infolge seiner spezifischen Aufgabe im unmittelbaren Erziehungsprozeß." (ROBINSOHN, 1969 b)

„Die Bestimmung und Systematisierung der entsprechenden Qualifikation bringt den Didaktiker und das heißt auch den Lehrer mit ins Spiel. Die Gewinnung und Zuordnung von Curriculumelementen ist nur in Kooperation von Lehrern und Fachwissenschaftlern denkbar; das gleiche gilt für die Konstruktion und Evaluation entsprechender Curricula oder einzelner Lernsequenzen." (KNAB, 1969)

„Nehmen wir das Beispiel der Curriculumentwicklung. Sie ist vom Lehrer allein weder zu tragen noch zu verantworten. Aber sie kann auch nicht ohne eine aktive Teilnahme geschehen. Von der Interpretation benötigter Qualifikationen als Ziele des Curriculums über die Definition von Verhaltensweisen als dessen Intention bis zur Konstruktion von Lernsequenzen und zur Bestimmung einzelner Lernaufgaben muß Lehrerinitiative und Lehrerbeteiligung wesentlicher Bestandteil der Curriculumentwicklung sein, ganz zu schweigen von der Erprobung und Evaluierung." (ROBINSOHN, 1972)

Es fällt zunächst auf, daß in der ersten Schrift aus dem Jahre 1967 Äußerungen über die Teilnahme des Lehrers gänzlich fehlen. Sie tauchen erstmals in den Beiträgen von 1969 auf. Sollte am Anfang dieses Problem nicht gesehen worden sein? Offensichtlich ergab sich diese Notwendigkeit nach einem breiter angelegten vergleichenden Ansatz, der die Impulse anderer Länder mit aufnahm, vor allem englische Vorschläge, wo der Lehrer immer schon eine bedeutende Rolle spielte (92).

Eine weitere Notwendigkeit ergab sich aus der aktuellen Diskussion über Lehrplanrevisionen und der damit verbundenen Konfrontation von praktischen Bedürfnissen und allzu praxisfernen theoretischen Konzepten. Mit dem Auftauchen der Fragen nach der Art der Teilnahme des Lehrers an der Curriculumentwicklung wird signalisiert, daß man sich Gedanken über die Realisierungschancen von Curricula macht.

Die Zitate decken allerdings die Widersprüchlichkeit und das Dilemma in dieser Frage auf: Man weiß zwar, daß man den Lehrer brauchen wird, kann aber seine spezifische Kompetenz nicht explizieren, demzufolge muß auch unklar bleiben, auf welchen Ebenen er in welcher Weise an der Entscheidung zu beteiligen ist. Der innovationshemmende Teufelskreis, von dem D. KNAB (93) spricht, hat seinen Ausgangspunkt in der Nichtberücksichtigung der Lehrer; er macht diese reformunwillig und verstärkt so die Tendenz, den Adressaten Fertigprodukte ins Haus zu liefern, d.h. Curricula so zu gestalten, daß sie ohne die Hilfe des Lehrers realisiert werden können. Diese in Amerika zu beobachtende Entwicklung hat offenbar die bundesrepublikanische Diskussion wachgerüttelt und die Theoretiker gewarnt, eine solche Entwicklung zu fördern. Es ist indessen völlig unzulänglich und fadenscheinig, die Teilnahme des Lehrers mit dem Hinweis zu begründen, man müsse diesen engagieren, weil sonst keine Chance für die Realisierung bestehe. Gerade in dieser Situation würden sich die Schulpraktiker unterlegen vorkommen und könnten nicht als echte Partner im Entscheidungsprozeß gelten. Der notwendige Befehlsempfang wäre lediglich in die Gremien verlegt; damit allerdings wäre wenig gewonnen.

Ob indessen die Lehrer in den Gremien sitzen oder außerhalb, das Kompetenzproblem wird nicht gelöst werden, solange man sie nur als Adressaten betrachtet. In der ganzen Argumentation offenbart sich nämlich, daß der Lehrer nur das letzte, aber dennoch notwendige Glied einer Kette sein soll, daß er Curricula in der Praxis realisieren soll und daß in der vorausgehenden Planung von ihm jedoch nichts Nennenswertes erwartet wird.

Aus der Unsicherheit und Widersprüchlichkeit in Fragen der Entscheidungskompetenz des Lehrers bei der Curriculumentwicklung wird aber ein zweites Desiderat sichtbar: Eine Neufestsetzung der Lehrerqualifikationen wird nicht geleistet. Es werden nur Lücken in der augenblicklich gegebenen Qualifikationsstruktur konstatiert; der status quo der Lehrerqualifikationen scheint jedoch unveränderbar.

Eine Wandlung zeigt sich erst in einer neueren Veröffentlichung: Obwohl dieser Beitrag (94) nicht unmittelbar auf seine Curriculumkonzeption bezogen ist, setzt sich hier doch allmählich die Auffassung durch, die Revision des Curriculum und die der Lehrerbildung müßten miteinander in Angriff genommen werden, wenn Innovationen die Schule erreichen sollen. Die gegenseitige Bezogenheit von Curriculum und Lehrerbildung wird hier offenkundig, und damit wird der Lehrer bei der Revision des Curriculum plötzlich zu einer der Gefahr des Zerfalls in Einzelkompetenzen entgegentretenden und damit zentrierenden Instanz. Er ist der eigentliche Garant der Innovation.

Dieser Wandel der Aussagen zum Lehrer als Curriculuminstanz ist das hervorstechende Merkmal unter den Anpassungs- und Veränderungstendenzen des Modells überhaupt. Möglicherweise muß darin sogar ein „neuer ROBINSOHN" gesehen werden, der Bildungsreform gar nicht mehr primär als Revision des Curriculum sieht, sondern im Ausbau und in der Verbesserung der Lehrerbildung. Zumindest muß diese gleichwertig und in Verbindung mit jener betrieben werden.

Mit der Verbindung von Curriculumentwicklung und der Lehrerbildung wird allerdings ein weiteres und grundsätzliches Problem sichtbar, das die gesamte Unsicherheit hinsichtlich der Definition einer eigenen Lehrerkompetenz aufzudecken scheint: Im Rahmen der Ausbildung sind die von ROBINSOHN genannten Curriculuminstanzen, nämlich die Human- und Fachwissenschaften, diejenigen Instanzen, welche dem Lehrer die für seine Berufsausübung notwendigen Qualifikationen vermitteln. Er leitet seine Fachkompetenz also von jenen Wissenschaften her. Somit leuchtet es ein, daß bei den Entscheidungen in den Entwicklungsprozessen Kompetenzen doppelt vertreten sind, es sei denn, der Lehrer weist eine weitere Kompetenz auf, welche die Wissenschaften nicht besitzen.

Wir sind der Ansicht, daß die praktischen Unterrichtsvollzüge, die weder von Human- und Fachwissenschaften, noch bislang von der Wissenschaft ,Didaktik' systematisch reflektiert wurden, eine durch besondere Entscheidungen und Handlungen gekennzeichnete Befähigung darstellen, die als bislang außerwissenschaftliches Erfahrungsgut vor allem in Form der Institutionalisierung des Studienseminars und der Fortbildung von den Lehrern ständig weitertradiert wurde.

Eben diese Kompetenz wird in der Validierung der Curricula durch das systematische Experiment benötigt. Damit erscheint eine Teilnahme des Lehrers an der Curriculumforschung gerechtfertigt.

Angesichts des Umstandes indessen, daß Curriculumforschung in eigenen Instituten betrieben werden soll, wird die Zahl der wirklich Teilnehmenden gering sein, eine Feststellung, die auch schon D. KNAB getroffen hat; sie ist nicht unbedeutend, weil unterstellt werden muß, daß durch diese Tatsache nicht etwa die gesamte Lehrerschaft ein neues Selbstverständnis erlangen würde, sondern nur eine kleine Minderheit. Ob diese in der Forschung Tätigen sich letztlich noch als Lehrer fühlen, ist zweifelhaft.

2.1 Ergebnis

Die Relationen zwischen Lehrer und Curriculumentwicklung sind im ROBINSOHN-Modell mehr implizit als explizit dargestellt. Die Ergebnisse der Analyse lassen sich in folgenden fünf Punkten zusammenfassen:

1. ROBINSOHN erhebt die Forderung nach Zentralisierung der Curriculumentwicklung. Gleichzeitig nimmt er die Interdependenzthese (Abhängigkeit von Inhalt, Zielsetzung, Organisation, Methode und Medien des Unterrichts) der Berliner Didaktik auf, wodurch die Entscheidung über die wichtigsten Unterrichtsfaktoren nun zentralisierten Gremien obliegen. Der Lehrer erfährt dadurch zwar eine erhebliche Arbeitserleichterung, sein Selbstverständnis wird aber grundlegend verändert, seine Kompetenz erheblich reduziert.
2. Unabhängig von Zentralisierungstendenzen ist der ROBINSOHN'schen Didaktik ein Wissenschaftsverständnis immanent, dessen Konsequenzen für die Praxis erheblich sind. Es erhebt den Anspruch, mittels einer vorgängigen Theorie Innovationen des Schulwesens durch rationale Entscheidungen planen zu können. Gegenüber dem seit DILTHEY gängigen pädagogischen Theorieverständnis, eine vorgegebene Erziehungspraxis zunächst hermeneutisch, später empirisch (H. ROTH) zu erschließen, gerät hier die Erziehungspraxis und damit auch die Unterrichtspraxis und ihre Vertreter, die Lehrer, in die Abhängigkeit von einer Theorie, und damit in Abhängigkeit von den Wissenschaften. Bei ROBINSOHN bleibt allerdings offen, ob sich der Lehrer dadurch, daß er seine Qualifikationen von diesen Wissenschaften erhält, mit diesen identifizieren und sich dadurch als Agent der Innovation betrachten kann, oder ob er sich als bloßer Abnehmer nicht mehr tradierter, sondern wissenschaftlich innovierter Inhalte versteht.
3. Der theoretische Ansatz der Wissenschaften impliziert aber stets Evaluationsforderungen, d.h. das Intendierte muß überprüft werden. Das macht Detailplanungen notwendig. Das von SCHULZ einmal so bezeichnete „Schicksal des Apothekerberufs" würde dann auch über dem Lehrberuf als Damoklesschwert schweben: In Forschungs- und Planungszentren entworfene Curricula würden nicht mehr das Rohmaterial für den Unterricht darstellen, sie wären Fertigprodukte.

4. Die Bestimmung der Lehrerkompetenz in der Curriculumentwicklung bereitet den Autoren des Modells erhebliche Schwierigkeiten. Das liegt allerdings daran, daß für den Entscheidungsprozeß Instanzen vorgesehen sind, aus denen der Lehrer (durch seine Ausbildung) seine Qualifikationen und seine Kompetenz ableitet: Die Human- und Fachwissenschaften. Neben diesen Instanzen kann der Lehrer offenbar keine eigene Kompetenz entfalten. Seine ausschließliche Zuständigkeit liegt jedoch in der praktischen Realisierung und Evaluierung der Forschungshypothesen und der Curricula.
5. Trotzdem läßt sich aus diesem Modell keine eindeutige Veränderung des Lehrerverständnisses ableiten; denn an der Curriculumentwicklung sollen letztlich nur wenige ‚Lehrer' beteiligt werden. Ihre Berufsaktivitäten stehen unter radikal neuen Voraussetzungen. Fraglich indessen bleibt, ob nicht lediglich die beteiligten Lehrer ein neues professionelles Selbstverständnis entwickeln, das den übrigen abgeht.
   ROBINSOHN deutet allerdings in seinem Beitrag von 1972 an, daß Fragen der Lehrerqualifizierung eine wichtige Konsequenz der Curriculumforschung und ihrer Ansprüche darstellen. Dieser Aufsatz läßt sich als erster Versuch interpretieren, den Zusammenhang von Curriculumforschung und Lehrerbildung zu reflektieren.

3 Fachdidaktisch-mittelfristiger Ansatz der Blankertz-Gruppe

Etwa zwei Jahre nach Eröffnung der Curriculumdiskussion in der BRD durch ROBINSOHN und seine Mitarbeiter ist eine weitere Gruppe mit einem Kontrastvorschlag hervorgetreten: Die Arbeitsgruppe Didaktik im Fachbereich Erziehungswissenschaft der Universität Münster (95). Sie fußt auf einem von Herwig BLANKERTZ für die Pädagogik entwickelten Ansatz einer kritischen Theorie, welche von der Frankfurter Schule der Soziologie in die sozialwissenschaftliche Diskussion eingeführt wurde.

Die Gruppe bekennt sich ausdrücklich zu dem von ROBINSOHN erarbeiteten bildungspolitischen Rahmen, in dem eine Gesamtrevision der Inhalte propagiert wird: „Der von uns verfolgte mittelfristige, fachdidaktische Ansatz ist von Anfang an antizipativ auf eine generelle und nur langfristig erreichbare Curriculumrevision hin gedacht" (96).

War man indessen am Anfang der Curriculumdiskussion bestrebt, die Verknüpfung des eigenen Ansatzes mit der aktuellen bildungspolitischen Diskussion auch deshalb herzustellen, weil man gehört werden wollte, so sah man jetzt schon deutlich die Gefahren, in die man durch die Abhängigkeit von globalen Planungsstrategien geraten konnte. BLANKERTZ spricht dieses Dilemma deutlich an: „Von dem Augenblick an, von dem die Nationalökonomie das Maß an Steigerung des Sozialproduktes, das über Kapitalakkumulation und Bevölkerungsentwicklung hinausgeht, nicht mehr als unbeeinflußbare Restgröße betrachtet, sondern in einer Theorie des technischen Fortschritts zu kalkülisieren suchte, mußte der Bildungssektor Gegenstand wirtschaftswissenschaftlicher Interessen werden. ... In dem Maße, in dem dahingehende Fragestellungen von der Öffentlichkeit aufgegriffen wurden, konzentrierte sich auch das Interesse der Erziehungswissenschaft auf Bildungsplanung und Curriculumforschung" (97).

Bewußt wird die Gefahr einer Mediatisierung des heranwachsenden Menschen (98) ins Auge gefaßt, und daher ein Ansatz konzipiert, der sich als Gegensatz zu rein bildungsökonomischen Modellen versteht (99). Dies geschieht bei BLANKERTZ, wie bei ROBINSOHN, durch die Forderung, die Curricula müßten als oberstes Richtziel die Mündigkeit enthalten.

Damit indes das Emanzipationspostulat nicht zu einer bloß verbalen Zusicherung erstarrt, sondern am Ende auch als eingelöste Emanzipation zum Vorschein kommt, muß es an der Theorie und an der Methode der Konstruktion festgemacht sein; letzteres scheint bei dieser Gruppe neu gegenüber ROBINSOHN hinzuzukommen.

Zunächst sollten jedoch die für die Curriculumentwicklung vorgesehenen Aktivitäten dieses Modells identifiziert werden, weil dies für unsere Fragestellung von besonderer Relevanz ist:

Nachdem die Erziehungswissenschaft bisher „die Fragen der Vorbereitung, Durchführung und Kontrolle von Lehrplan- und Unterrichtsentscheidungen (im weiteren Sinne) nur unvollkommen gelöst hat" (100), ist es zunächst wichtig, die unterschiedlichen Entscheidungsprozesse, die im Rahmen der Curriculumplanung zu leisten sind, darzustellen.

Nach ACHTENHAGEN/MEYER gehören dazu:

- „Entscheidungsprozesse bei der G e w i n n u n g von Informationen,
- Entscheidungsprozesse bei der A u f a r b e i t u n g wissenschaftlicher Erkenntnisse im Rahmen der Curriculumforschung
- Entscheidungsprozesse bei der A n o r d n u n g eines spezifischen Teils der Informationen zu Lernsequenzen oder ganzen Curricula.
- Entscheidungsprozesse bei der A n w e n d u n g des Curriculum im Unterricht
- Entscheidungsprozesse bei der E v a l u a t i o n des Curriculum im Unterricht" (101).

Die Aufmerksamkeit der Didaktik-Gruppe konzentriert sich indessen „auf eine Stelle, die sie für die Curriculumkonstruktion ausschlaggebend halten, nämlich auf die Strukturierung der Inhalte" (102). Doch eine solche Beschränkung ist fragwürdig. Denn: Hermeneutische Identifikation von Hypothesen bedarf der empirischen Überprüfung, und diese ist nur über eine Operationalisierung und Evaluierung der allgemeinen Erkenntnisse und Ergebnisse einzulösen. Daher müssen KAISER und MENCK am Ende ihrer Ausführungen zum Pädagogik-Unterricht feststellen: „Wir sind nicht der Meinung, daß die Arbeit der Curruculum-Entwicklung mit der Bestimmung der Lerninhalte abgeschlossen sei. Für die empirische Übermittlung der gesellschaftlichen Interessenlage, der unterrichtlichen Durchführbarkeit, die Erfolgskontrolle sind ebenfalls eine Reihe von Schwierigkeiten zu überwinden" (103). Doch muß betont werden, daß sich die geforderten Prozeduren nicht gegen eine - auch nur unterstellte - Unfähigkeit der mit der Realisierung von Currucula befaßten Lehrer richten, sondern zur empirischen Absicherung notwendig sind.

Dennoch ergeben sich angesichts solcher Ansprüche Konsequenzen für den Lehrer: Er findet nicht mehr nur Inhalte vor, wie bisher in seinen Richtlinien, sondern, aus welchen Gründen immer dies geschehen mag, differenziert ausgearbeitete Curricula. Daß letztlich doch keine technokratischen Modelle praktiziert werden sollen, also keine „fertigen" Curricula beim Lehrer abgeliefert werden sollen, geht aus den Äußerungen von BLANKERTZ und seinen Mitarbeitern zum Theorie-Praxis-Verhältnis und -Verständnis hervor, ein Problem, das in dieser Theorie von Anfang an eine besondere Rolle spielt. Das nötigt uns zu einem Exkurs in diesen Fragenkomplex:

BLANKERTZ geht davon aus, daß „das Interesse an der Erziehung heute gerade nicht mehr durch kraftvolle und selbstsichere Bewegungen innerhalb der Praxis gekennzeichnet sei, sondern durch Erwartungen an konstruktiv-technologische Antworten auf die pädagogische Herausforderung der Zeit, denen mit Umgangserfahrung und unvermitteltem Engagement beizukommen sich kaum noch noch jemand zutrauen möchte" (104). Aus diesem Grunde sei das Verständnis der Beziehungen von Theorie und Praxis, wie es von der geisteswissenschaftlichen Pädagogik entwickelt wurde, heute nicht mehr angemessen.

Dennoch: Eine konstruktive und vorgängige Theorie, die sich als Forderung konsequenterweise ergibt, muß bestimmten Kriterien genügen, will sie mit dem einmal erreichten Reflexionsstand wirklich in der Praxis erfolgreich sein.

Nach MENCK müssen derartige Theorien drei Funktionen erfüllen:

1. Eine instrumentelle Funktion: „Instrumentell sich verstehende Theorie, Sozialtechnologie, will Praxis gestalten nach hypothetischen Zielvorgaben."
2. Eine kommunikative Funktion: „Demgegenüber hat Theorie, deren Methode in der Aufhellung und Bewußtmachung des Verständigungsprozesses besteht, ihre Wahrheit in gelingender Kommunikation. Wieweit die eingelöst ist, muß sie prüfen, indem sie ihren Anspruch bezieht auf die Bedingungen, die ihrerseits durch jene Instrumente gestaltet sind."
3. Eine kritische Funktion: „Damit wird Praxis bestimmt kritisierbar, an den Stellen nämlich, wo Anspruch und Wirklichkeit einsehbar auseinanderfallen" (105).

Die von MENCK eingeführte kommunikative Funktion scheint eine ideologiekritisch abgewogene Gestaltung und Veränderung der Praxis zu ermöglichen. Ihre Einführung gründet auf der Erkenntnis, daß ein optimales Instrumentarium, gepaart mit kritischem Engagement, in der Praxis folgenlos bleiben muß, wenn nicht gleichzeitig die fatale personelle Trennung von Theoretikern und Praktikern überwunden wird.

BLANKERTZ selbst hat deshalb nachdrücklich auf eine angemessene Neuordnung dieses Verhältnisses hingewiesen:

„Eine Auffassung, derzufolge Theoretiker, in unserem Falle also Erziehungswissenschaftler, forschen und dann ihre gesicherten Ergebnisse dem Praktiker, in unserem Falle dem Lehrer, zur Anwendung, allenfalls zur Erprobung übergeben hätten, wird von uns abgelehnt. Eine solche Arbeitsteilung müßte den Lehrer zum Vollzugsorgan degradieren, ihn politisch und fachlich entmündigen, während sie den Erziehungswissenschaftler zum bloßen Theoretiker ohne Verantwortung für die praktischen Folgen seines Tuns machte. Demgegenüber gehen wir davon aus, daß nur eine wechselseitige Kommunikation von Erziehungswissenschaftlern und Lehrern eine gemeinsame theoretische Sprache zu erzeugen vermag, in der kritisch auf Unterricht, die ihn leitenden Prinzipien, Normen und Mittel, sowie auf die jeweils getroffenen unterrichtlichen Entscheidungen und den erforderlichen Konsens mit den Lernenden reflektiert werden kann" (106).

In der geisteswissenschaftlichen Pädagogik, von der sich die Gruppe immer wieder absetzt, war dieser kommunikative Bezug für die Entwicklung der Praxis nicht ausschlaggebend. Der Lehrer legitimierte sein Tun aus der Tradition der Praxis selbst, und wenn eine Verbindung hergestellt werden mußte, so war es die von der Praxis zur Theorie: Der Wissenschaftler mußte sich seine für eine Beschreibung und Deutung der Praxis notwendigen Informationen dort selbst holen. Auch die von ROTH beschriebene „realistische Wende" brachte in dieser Hinsicht keine Richtungsänderung, denn wie ROTH selbst bemerkte, ging es dabei nur um eine empirische Absicherung des hermeneutisch-intuitiv Erfaßten.

So betrachtet, ist der eigentliche Wendepunkt erst die pädagogische Rezeption der von der Frankfurter Schule entwickelten kritischen Theorie. Radikal ist diese Veränderung deshalb, weil hier erstmals nicht nur methodologische Spielarten innerhalb eines nahezu gleichbleibenden Theorie-Praxis-Verständnisses sichtbar werden, sondern weil die Praxis selbst unter neue Voraussetzungen gestellt wird.

Diese allgemeine Erkenntnis ist nun auf unsere Problematik zu beziehen: Das Tun des Lehrers wird zunehmend von einer vorgängigen Theorie abhängig; von ihr bezieht er die inhaltliche Legitimation seiner Arbeit, sowie angemessene Verfahrensweisen der Ausführung und die Instrumente der Kontrolle.

Als Beispiel führt MENCK die sogenannten teacher-packages an, deren Realisierung in der Praxis nur nach gründlichen Absprachen möglich ist, weshalb identische Curricula nicht automatisch einen identischen Unterricht ergäben (107). Aus dieser Einsicht leitet er die Hypothese ab, daß die Eindeutigkeit und damit die Anwendbarkeit der Curricula stets auf einen Kommunikationszusammenhang bezogen und weitgehend auch darauf beschränkt ist" (108).

Doch zunächst muß noch ein anderer Aspekt in diesem Zusammenhang erwähnt werden. Bei ROBINSOHN war diese differenzierte Reflexion zum Theorie-Praxis-Verhältnis wohl auch deshalb nicht zu finden, weil er eine langfristige, globale Revision im Auge hatte.

Bei einem solchen Anspruch gelangen natürlicherweise die unmittelbar praktischen Bedürfnisse nicht sofort in den Blick. Bei BLANKERTZ müssen diese Beziehungen auch deshalb gleich zu Anfang geklärt werden, weil dieser die Intention verfolgt, einen gegebenen Reflexionsstand bei den Wissenschaften, vor allem bei den Fachwissenschaften, für die Praxis festzumachen (109). MENCK charakterisiert den Anspruch des Modells in dieser Hinsicht folgendermaßen:

„Wir entwerfen vielmehr Elemente eines Modells, das mit Bezug auf die institutionellen Bedingungen und die Einstellung der Beteiligten zu formieren ist und sie dann in der Durchführung bestimmt zu kritisieren erlaubt, das also nicht von einer idealen Situation ausgeht; eines Modells zudem, dem Kommunikation aller Beteiligten nicht unvermittelt als Postulat der Solidarität erscheint, vielmehr als die Bedingung der Möglichkeit erziehungswissenschaftlicher Forschung" (110).

Aus diesem Grunde ist das Modell mittelfristig angelegt und fachdidaktisch orientiert.

Die bisher vorgelegten Entwürfe beziehen sich auf die Fächer Fremdsprachenunterricht (ACHTENHAGEN), Politischer Unterricht (THOMA), Arbeitslehre (BLANKERTZ/GROTH), Pädagogik-Unterricht (KAISER/MENCK), Geschichte (MANNZMANN), Deutsch (LENZEN) und Biologie (EWERS).

Das erklärte Ziel dieser Entwürfe ist, eine Fachdidaktik von der curricularen Fragestellung her zu konzipieren. Ein solches Unternehmen ist vor allem deswegen interessant, weil in dem erweiterten Anspruch gleichzeitig das Selbstverständnis der betreffenden Fachlehrer aufgehoben werden kann. Dieses Verständnis war in der Vergangenheit durch mehrere Widersprüche gekennzeichnet:

Die Entwicklung der Wissenschaft verlief anders als die des entsprechenden Schulfaches. Das bedeutete, daß die fachwissenschaftliche Ausbildung der Lehrer disfunktional zur späteren Praxis war. Auch hier zeigt sich deutlich, daß die Praxis selbst das Feld darstellte, in dem die notwendigen Qualifikationen erworben wurden. Dennoch war das Selbstverständnis gerade der Gymnasiallehrer mehr an den Fachwissenschaften der Ausbildung festgemacht als an der Praxis, obwohl jene doch die entscheidenden Qualifikationen gar nicht zu leisten imstande waren. Ein spezifisch fach *didaktischer* Ansatz wurde zudem lange Zeit von den in der Universität etablierten Wissenschaften verhindert, weil sie eine Pädagogisierung ihrer Disziplin fürchteten. Die pädagogisch-didaktischen Mängel der Gymnasiallehrerausbildung sowie die fachwissenschaftlichen Schwächen der Volksschullehrerausbildung sind in der Diskussion um die Lehrerbildung bereits hinreichend deutlich herausgearbeitet, so daß an dieser Stelle darauf verzichtet werden kann. Aber die inhaltliche Basis aller Reformkonzepte war bislang sehr unbefriedigend. Es ist nämlich sehr zweifelhaft, ob ein Nebeneinander von fachwissenschaftlichen und didaktischen Ausbildungsgängen die erforderliche Integration für die Qualifikation des Lehrers wird leisten können. Angesichts der Defizienzen im Verhältnis von Fachwissenschaft und Didaktik ist das ein Problem, das sowohl die Curriculumentwicklung als auch die Lehrerausbildung angeht.

Eine auf Integration von fachwissenschaftlichen und didaktischen Fragestellungen ausgerichtete fachdidaktische Ausgangsposition wird demnach über die Curriculumforschung hinaus auch als inhaltliches Konzept der Lehrerausbildung brauchbar sein. Dem Ansatz kommt in dieser Perspektive ein besonderes Verdienst zu: Wenn nämlich fachwissenschaftliche und erziehungswissenschaftliche Ausbildungsinhalte dem Studenten während seiner Ausbildung nur in getrennten Veranstaltungen angeboten würden, hätte er die notwendige Koordination der unterschiedlichen Fragestellungen selbst vorzunehmen; damit aber dürfte er eindeutig überfordert sein.

Eine solche Integration hatte auch schon ROBINSOHN mit seinem Instanzenzug versucht, jedoch war dort, wie HENTIG bemerkte, die Gefahr der Auflösung in Einzelkompetenzen sehr groß. Die Hauptschwierigkeiten derartiger Versuche lagen bislang offensichtlich beim Erkenntnisinteresse der meisten Fachwissenschaften. Seit HABERMAS wissen wir, daß dieses Interesse primär ein technisches ist und an die praktischen Probleme der sozialen Lebenswelt nicht heranreicht. Damit gehen den Fachwissenschaften emanzipatorische Interessen weitgehend ab. Es ist freilich zweifelhaft, ob das Postulat der Mündigkeit von einer „emanzipatorischen Didaktik" eingeholt werden kann, wenn es im Ansatz der Fachwissenschaft fehlt.

Kann auf diese Probleme der fachdidaktische Ansatz von BLANKERTZ eine Antwort geben? Wo muß angesetzt werden, damit eine Lösung möglich wird? Die Aufmerksamkeit wird damit auf den Schlüsselbegriff des Modells gerichtet, der als didaktisches Strukturgitter bzw. als didaktische Matrix gefaßt ist (111).

Das Strukturgitter enthält Kriterien, die den „Zusammenhang von Fachwissenschaften und Erziehungswissenschaft begrifflich fassen" (112). Hier treffen die Ansprüche der Gesellschaft, vermittelt über die Wissenschaften, auf den Unterricht (113). „Didaktische Strukturgitter entstehen also, indem grundlegende Sachverhalte eines Gegenstandsfeldes mit den Mitteln und Ergebnissen einer dieses Feld auslegenden Wissenschaft auf die edukative Intentionalität bezogen und eben dadurch zu Curriculuminhalten konstituiert werden. Insofern ist jedes unserer Strukturgitter ein ‚fachdidaktisches'. Erfolgen Interpretationen und Relevanzbestimmungen der bezeichneten Grundstrukturen unter dem für die beabsichtigten Lernprozesse maßgeblichen Interesse, so ist das aber keinesfalls so zu verstehen, als ob vorliegende Sach- und Wissenschaftsstrukturen gleichsam in einem zweiten Arbeitsgang pädagogisch-didaktisch auszulegen wären. Die Strukturbestimmung gelingt nur von Bedingungsanalysen, die von vorneherein beide Seiten berücksichtigen" (114).

Die Konstruktion eines solchen Gitters soll demnach emanzipatorische Ansprüche theoretisch und methodologisch absichern. Dazu ist es notwendig, die in den wissenschaftlichen Axiomen enthaltenen Sachstrukturen und normativen Setzungen um eine dritte Schicht zu erweitern: Die Interessen des Schülers. Dies geschieht durch Einführung der methodischen Leitfrage, eines aus der Berliner Didaktik entlehnten Begriffs. Dadurch kann eine methodische Absicht mit der Sachstruktur in Beziehung gebracht werden. Eines allerdings kann das didaktische Strukturgitter nicht leisten: „Es erlaubt, da es Kriterium zur Prüfung möglicher Inhalte ist, die Ableitung von Unterrichtsinhalten nicht" (115).

Anders als bei ROBINSOHN werden bei BLANKERTZ die Kriterien nicht einfach gesetzt, sondern aus einer Prüfung der Bedingungsfaktoren entwickelt. Solche Faktoren sind:

1. Die objektivierbaren Bedingungen der Lebenssituationen.
2. Die entgegenstehenden Faktoren aus dem Bereich der vorgegebenen Institutionen.
3. Die politisch-gesellschaftlichen Postulate.
4. Die sozio-kulturell-anthropogenen Voraussetzungen der Jugend (116).

Schon hier kann festgestellt werden, daß sowohl in 1. als auch in 4. emanzipatorische Interessen sichtbar werden, während sich in 2. und 3. gerade die Hürden zeigen, die in der gegebenen Praxis auf dem Weg zur Mündigkeit auftreten. Damit ist allerdings auch der doppelte Bezug zur Praxis aufgenommen (Ausgangspunkt von der und Richtung auf die Veränderung der Praxis), der eingangs aufgezeigt wurde.

Die Analyse der Bedingungsfaktoren, bereits unter konstruktiven Interessen vorgenommen, mündet sodann unmittelbar in die Aufgabenstellung für das Fach ein, deren notwendige Umsetzung in Lernziele, Themenkreise oder Lehrinhalte zunächst nur bis zum didaktischen Strukturgitter gedeihen kann.

Die dort gewonnenen Gesichtspunkte sind ein Bündel von Kriterien, nicht etwa ein Grobzielkatalog eines Lehrplans. Sie müssen als Aspekte in den auszuwählenden Inhalten wiederzufinden sein, wenn diese als Curriculuminhalte tauglich sein sollen.

Ein Beispiel aus der Arbeitslehre mag dies verdeutlichen: GROTH hat die Dimensionen der Technik, der Ökonomie und der Politik in seinem Strukturgitter mit verschiedenen industriellen Produktionsverfahren in Beziehung gebracht und dadurch auch die historische Entwicklung der Arbeitswelt aufgenommen. Ein Unterrichtsthema, wie das Lohn-Preis-Problem, kann vor dem Strukturgitter nur dann bestehen, wenn es nicht nur innerhalb ökonomischer Kategorien abgehandelt wird. In einem Rekurs auf die frühkapitalistischen Produktionsweisen werden neben den historischen auch technische Entwicklungstendenzen sichtbar, welche diese Frage ohne Zweifel beeinflußt haben. Entscheidend freilich sind die politischen Machtverhältnisse, die es gestatteten, Rationalisierungserfolge meist und zum größten Teil auf seiten der Gewinne zu Buche schlagen zu lassen, während sich die Arbeitnehmer die Verbesserung ihrer ökonomischen Basis durch Solidarisierungskämpfe erstreiten mußten. Nur wenn es eine solche Zusammenschau von historisch gewordenen technischen, ökonomischen und politischen Aspekten erlaubt, kann ein Thema Lehrplaninhalt werden.

Im Gegensatz zu KLAFKI, der mit seiner Theorie des Elementaren und Fundamentalen vorgegebene Inhalte nur erschließen konnte, wird hier eine konstruktive Auswahl getroffen, eine „edukative Strategie" (117) verfolgt.

Im weiteren Verlauf der Curriculumprozedur fungieren die im Strukturgitter gefaßten Kriterien als theoretische Vorgaben der Unterrichtsexperimente.

Mit der Aufnahme solcher Unterrichtsverläufe in das Konstruktionsverfahren wird zweierlei beabsichtigt:

Einmal sollen die theoretischen Vorgaben und Absichten auch realisierbar sein, d.h. hier wird ein zusätzliches Kriterium eingeführt: das der Praktikabilität. Zum andern kann nur dadurch die in das Strukturgitter eingeführte methodische Leitfrage durchgehalten werden.

Für unsere Fragestellung ist aber die Tatsache wichtiger, daß dem Lehrer zu dieser Phase des Konstruktionsverfahrens, eine tragende Rolle zukommt: „Es werden Projekte, Arbeitsvorhaben, Modelle für Betriebserkundungen und Praktika entwickelt werden müssen, an denen eine erste Prüfung der Frage möglich wird, ob das Beabsichtigte überhaupt realisierbar ist" (118).

Inwieweit diese Phase überhaupt erfolgreich abgeschlossen werden kann, die hier BLANKERTZ für die Arbeitslehre inhaltlich entwickelt, wird entscheidend von den Lehrern abhängen, die über das Kriterium der Praktikabilität nahezu alleine entscheiden.

Die nachfolgende Übersicht zeigt die
<u>Strategie zur Entwicklung einer Fachdidaktik und eines Fachcurriculums:</u>

1. Analyse der Bedingungsfaktoren

A: Veränderungen der Lebenssituationen	B: Faktoren aus dem Bereich geg. Institution
C: Politisch-gesellschaftliche Postulate	D: Voraussetzungen der Jugend

↓

2. Aufgabenstellung für das Fach

↓ Hier werden die allgemeinen Zielvorstellungen, wie sie sich aus der Bedingungsprüfung (1.) ergeben, formuliert.

3. Strukturgitter der Fachdidaktik

	Kateg. 1	Kateg. 2	Kateg. 3
Kategorie A	Verankerung des Zusammenhangs unterschiedlicher Ziele		
Kategorie B	Integration fachwissenschaftlicher, gesellschaftswissenschaftlicher und anthropologischer Fragestellungen		
Kategorie C			

(1) - (3) bilden die theoretischen Grundlagen

4. Fachdidaktische und schulpraktische Laborforschung: Experimente. Schulversuche, Praktika, zunächst orientiert an Praktikabilität, dann Konzentration auf Erforschung der Lebensbezüge;
Ziel: Erreichbarkeit

5. Forschung im Bereich der Fachwissenschaft und der lebenspraktischen Relevanz des Faches;
Ziel: Wünschbarkeit

(4) und (5) stellen die Forschungsarbeit dar.

6. Aufstellung des Lehrplans

A: Vorläufiger Lehrplan
B: Abgleichung mit anderen Fächern
C: Lehrplan eines Faches

(In 6. erscheint die eigentliche Entwicklungsarbeit.)

Ein Beispiel der Entwicklungsstrategie: Arbeitslehre

1. Analyse der Bedingungsfaktoren:

A: Arbeitswelt unanschaulich; mehr Freizeit u. politisches Engagement	B: fehlende Integration beruflicher Bildung, kein Platz für Arbeitslehre
C: Für und Wider des Faches Arbeitslehre	D: heterogene, individuelle u. schichtspezifische Schranken für das Fach

3. Strukturgitter für das Fach Arbeitslehre

	Technik	Ökonomie	Politik
Experimentelles Entwickeln	(1)	(2)	(3)
Arbeiten nach Werkregeln u. Verhaltensmuster	(4)	(5)	(6)
Arbeiten mit Hilfe wissenschaftlicher Erkenntnisse	(7)	(8)	(9)

1-3: Zur technischen, ökonomischen und politischen Dimension experimentellen Entwickelns
4/5: Technische und arbeitsökonomische Aspekte der Arbeit nach Werkregeln
6 : Politische Voraussetzungen und Konsequenzen
7 : Wissenschaftliche Technologie
8/9: Ökonomische und politische Voraussetzungen und Konsequenzen

4. Unterrichtsforschung
Unterrichtl. Erfahrungen
mit dem Fach Arbeitslehre

5. Zunehmende Orientierung an den Ergebnissen der berufspädagogischen Forschung
Berufspädagogische Analysen
Berufswahlreife - Berufswechsel - Mobilität
Grundbildung - Berufsqualität

6. Aufstellung des Lehrplans:

A: Ausweisung wünschbarer und erreichbarer Lernziele im vorläufigen Lehrplan ‚Arbeitslehre'
B: Abgleichung mit anderen Fächern
C: Endgültiger Lehrplan ‚Arbeitslehre'

Besondere Aufmerksamkeit verdient auch der Umstand, daß von der - wenn auch unterschiedlich ausgeprägten - Tradition der Fächer ausgegangen wird. So reichen beispielsweise die Analysen im Fremdsprachenunterricht von der Untersuchung der Schulbücher bis zu Unterrichtsbeobachtungen und Lehrerbefragungen. Auch diese Phase einer Bestandsaufnahme als Ausgangsbasis für die Konstruktion neuer Curricula hängt wesentlich von der Einstellung der Lehrer ab, die ja vor allen andern legitimiert sind, über die augenblickliche Praxis auszusagen.

Ferner muß der Evaluation von Curricula noch besondere Beachtung geschenkt werden: Obgleich Evaluationsprozesse permanent den wissenschaftlichen Gesamtentwicklungsprozeß begleiten, (was etwa WHEELER (119) fest institutionalisiert hat!), kommt in der Erneuerung der Unterrichtsziele gerichteten Curriculumentwicklung der anschließenden Kontrolle deshalb besondere Bedeutung zu, weil dieser Anspruch Unterrichtsvollzüge einschließt. Unterricht muß abgelaufen sein, wenn die Evaluierung des Intendierten erfolgen soll.

Im folgenden sollen die wichtigsten Äußerungen zum Evaluationsproblem vorgetragen werden:

„Als Ergebnis der konstruktiven Lehrplan-, Unterrichtsgestaltung erwarten wir insbesondere... die präzise, auf die Überprüfbarkeit abgestellte Neufassung der Unterrichtsziele" (120).

Analyse und Kritik der Intentionen können nicht abgeschlossen werden, ohne daß die Wirksamkeit der Praxis überprüft wurde. Die Intentionen des Pädagogik-Unterrichts müssen am Erfolg des gegenwärtigen Unterrichts gemessen werden, beispielsweise daran, ob dieser Unterricht tatsächlich zur Wahl von Erzieherberufen motiviert, ob er das Verständnis für Lehrprozesse in der Industriegesellschaft fördert usw. ...(121).

„Es bedarf keiner weiteren Erläuterung, daß Operationalisierung (verhaltenskontrollierbare Formulierung!) von Lernzielen nur erreicht werden kann, wenn Ziele als Verhaltensdispositionen (Qualifikationen) definiert werden. Ebenso offenkundig ist allerdings, daß damit eine Konkretisierung von inhaltlichen Bestimmungen und eine in den relevanten Merkmalen kontrollierbare Definition von (Lern)-situationen einhergeht; die anzusetzenden kontrollierten und kontrollierenden Unterrichtsexperimente bleiben sonst sinnlos" (122).

Abgesehen davon, daß die Operationalisierung selbst noch ein wissenschaftliches Problem ist, wird die Kontrolle vor allem wegen der empirischen Bewährung notwendig. Nun wäre es allerdings falsch, den Wissenschaftler gegen den Lehrer auszuspielen. Dieses Prinzip ist vielmehr Anspruch eines wissenschaftlich haltbaren Unterrichts. Dennoch, die hier vorgeschlagene Strategie der Operationalisierung ist ambivalent: Sie zwingt zwar den Wissenschaftler, seine Aussagen soweit zu differenzieren, daß diese unmittelbar in Unterricht umgesetzt werden können, trotzdem geraten die Lehrer hier allzusehr in die Abhängigkeit vorgegebener Entwürfe.

Solche Konsequenzen sind allerdings nur dann richtig, wenn in der Curriculumentwicklung streng zwischen den Instanzen Lehrer und Wissenschaftler getrennt wird. ACHTENHAGEN und MENCK sprachen noch im Jahre 1970 von der Notwendigkeit, gleichzeitig Ausbildungsprogramme und Fortbildungskurse für die betroffenen Fachlehrer zu entwickeln. In solchen Forderungen wird indes eine bestimmte Tendenz spürbar: Der Lehrer wird teilweise zum Objekt wissenschaftlicher Planungsinstanzen. Da er Mittel der Curriculumrealisierung ist, muß er entsprechende Voraussetzungen mitbringen. Er erscheint noch zu wenig als Mitinitiator der Curriculumentwicklung selbst, vielmehr nur als Adressat fertiger Curricula.

Freilich: MENCK hat sich inzwischen der Problematik in besonderer Weise angenommen. Seine Vorschläge sollen abschließend referiert werden (123):

Er geht von der Feststellung aus, das gestörte Verhältnis von schulischer Praxis und Wissenschaft könne durch die Curriculumrevision eine begrüßenswerte Neubestimmung erfahren. Die Chancen hierfür sieht er in einem besonders glücklichen Umstand: Die Wissenschaften, voran die Fachwissenschaften und die Pädagogik (daneben andere Sozialwissenschaften!), haben neben ihrer Aufgabe, Curriculumforschung zu betreiben, auch die Funktion, Lehrer auszubilden. Beide Aufgaben sind nach seiner Vorstellung sinnvoll aufeinander zu beziehen.

Sollen indes solche Beziehungen auch theoretisch gesichert werden, so ist ein allein instrumentell-technologisch und idealogiekritisch orientiertes Konzept unzureichend; es muß vor allem berücksichtigt werden, daß die Wissenschaft als wissenschaftliche Institution nicht in der Lage ist, Praxis zu verändern, sondern auf Personen angewiesen ist, die solches in ihrem Auftrag leisten.

Im Vorschlag von MENCK wird deshalb die Entwicklung von Curricula und von curricular orientierten Fachdidaktiken nicht etwa in Forschungsinstitute, sondern in die Ausbildungsstätten der Lehrer verlegt. Damit soll auf lange Sicht zweierlei erreicht werden: einmal richten die Lehrer ihr Selbstverständnis an den (neuen) Studieninhalten aus und nicht mehr nur an fachwissenschaftlichen oder erziehungswissenschaftlichen, und zum andern sind bessere Voraussetzungen für die praktische Realisierung der Curricula gegeben.

Auch die jüngsten Äußerungen der Gruppe deuten an, daß eine Rehabilitation des Lehrers, d.h. seine volle Anerkennung als S u b j e k t der Forschung und Planung beabsichtigt ist: „Vorüberlegungen, hypothetische Ansätze und unfertige Strukturierungsversuche werden zur Diskussion gestellt, um die Betroffenen, Lehrer wie Schüler, in die Curriculumrevision mit einzubeziehen, und zwar nicht als statistisch auswertbare Daten von Meinungs- und Einstellungserhebungen sondern als Subjekte einer gemeinsam zu leistenden Arbeit" (124).

3.1 Ergebnis

Die Rolle des Lehrers bei der Entwicklung von Curricula sowie alle sonstigen Bezüge zwischen Curriculumforschung und Lehrerkompetenz werden von der Münsteraner Didaktikgruppe bereits deutlicher angesprochen, als dies bei der ROBINSOHN-Gruppe der Fall war.

Im einzelnen sind es folgende Punkte:

1. Immer dann, wenn Curriculumforschung den Anspruch erhebt, hermeneutische Identifikation mit empirischen Mitteln zu überprüfen, ist sie zur Operationalisierung ihrer unterrichtlichen Zielsetzungen gezwungen. Das bedeutet, daß sie mindestens partiell

Unterrichtsplanung und Vollzug in ihr Programm aufnehmen muß, will sie ihre methodologische Absicht realisieren.
BLANKERTZ hat allerdings bereits sehr deutlich darauf verwiesen, daß Operationalisierung nicht durch lückenlose Deduktion zu leisten ist, sondern ,von unten her' erfolgen muß. Dieses Problem ist also mit dem theoretischen Rüstzeug einer Wissenschaft allein gar nicht zu lösen. Es bedarf vielmehr der Unterstützung durch praktische Experimente und Versuche. Bereits hier enthält der Ansatz eine Verbindung zur Praxis.
Nun sind prinzipiell zwei Strategien denkbar für die Lösung der Operationalisierungsfrage: eine rein technologische, die nur wissenschaftliche Instanzen kennt, und eine instrumentell-kommunikative, in der die Detailaktivitäten entweder mit Hilfe der Lehrer oder nur von diesen in eigener Kompetenz und in Kenntnis der theoretischen Prämissen vorgenommen werden. Eine Ausweitung von Curriculumaktivitäten muß daher nicht automatisch mit der Einengung der Lehrerkompetenz Hand in Hand gehen, sondern dies geschieht nur dort, wo eine Kommunikation mit dieser Gruppe mit Ansatz nicht versucht wird.

2. Eine wesentliche Voraussetzung für die kommunikativen Bezüge ist der fachdidaktisch orientierte Ansatz der BLANKERTZ-Gruppe. Man wird allerdings schon eher von einer curricular orientierten Fachdidaktik sprechen als von einer Curriculumkonstruktion auf (nur zufällig) fachdidaktischer Basis.
   Eine Fachdidaktik indessen, die in einem Strukturgitter fach- und sozialwissenschaftliche Aspekte zu integrieren vermag, ist nämlich nicht nur der Ausgangspunkt für die Entwicklung von Fachcurricula, sondern ebenso zentrale Bezugsinstanz für das Selbstverständnis zukünftiger Fachlehrer; sollte es zudem gelingen, den Ansatz in ein Ausbildungsprogramm umzusetzen, so wäre zum einen eine Schwäche der gegenwärtigen Lehrerausbildung, in der erziehungswissenschaftliche und fachwissenschaftliche Fragestellungen in getrennten Veranstaltungen behandelt werden, beseitigt, zum andern ein Bezug zwischen Ausbildung und Berufspraxis hergestellt, und zwar in einem für die Realisierung von Curricula sehr wesentlichem Punkt. Dazu bedarf es allerdings noch einer Weiterentwicklung und Differenzierung des theoretischen Konzepts.
3. Den Rahmen eines in der Fachdidaktik aufgehobenen Lehrerverständnisses liefert allerdings erst das Theorie-Praxis-Verständnis dieses Modells. Der im Erziehungs- und Ausbildungswesen gegebenen Personalstruktur muß bereits im theoretischen Ansatz Rechnung getragen werden, wenn mittels einer vorgängigen und mit konstruktiven Absichten ausgestatteten Theorie Innovationen der Praxis bewußt in Regie genommen werden sollen.
4. Indessen bleibt noch ein Dilemma, das schon von D. KNAB beklagt wurde: nicht alle Lehrer können an der Konstruktion von Curricula beteiligt werden.
   Die BLANKERTZ-Gruppe hat diesbezüglich ein Organisationsmodell erarbeitet, das zumindest eher Aussicht auf eine erfolgrei-

che Realisierung von Curricula verspricht, als das in den von ROBINSOHN vorgesehenen curricularen Forschungsstätten der Fall ist. Sie versucht, eine fachdidaktischcurriculare Kompetenz des Lehrers zu konstituieren, die ihm gestattet, mit Hilfe wissenschaftlicher Kriterien seine Praxis zu gestalten.
Die Wissenschaften nehmen die Einheit von Forschung und Lehre unter neuer Perspektive wieder auf: Im Rahmen der Curriculumforschung wird die Qualifizierung derer geleistet, welche später die Curricula realisieren sollen.
Dennoch sind auch einige Zweifel an diesem Vorschlag anzumelden: Der Lehrer erhält zwar in der Ausbildung die Fähigkeit, Curricula zu entwickeln. Wird diese Fähigkeit aber in der Praxis gar nicht benötigt, dann dient sie in erster Linie doch wieder nur dazu, ihn für die Realisierung besser zu motivieren und auszurüsten.

4 Das „action-research" Modell der Bielefelder Forschungsgruppe

Das Modell der Bielefelder Gruppe spielte bislang in der Curriculumdiskussion keine große Rolle, da die Autoren in den Readern von ACHTENHAGEN/MEYER und ROBINSOHN (125), welche den augenblicklichen Diskussionsstand repräsentieren, nicht zu Wort kommen. Zum Teil sind die Gründe hierfür allerdings in der Anlage des Projekts selbst zu sehen. HENTIG, der Leiter, betont im Vorwort seines ersten Berichts die Vorläufigkeit des Unternehmens. Die Mitglieder verstehen sich als „Aufbaukommissionnen der Schulprojekte", zu deren vornehmsten Ansprüchen auch Entwicklungsmöglichkeiten gehören, „die vorher nicht geplant waren" (126).

Aber auch ein derart offenes Konzept ist von theoretischen Vorgaben abhängig und überläßt den bildungspolitischen Rahmen nicht einem blinden Spiel der Kräfte. Auch hier wird die bildungspolitische Gesamtsituation reflektiert, auch hier die Rückständigkeit unserer Schulen konstatiert, auch hier die Forderung erhoben, „die Organisation unseres Schulsystems den Verhältnissen einer dynamischen, sozial-mobilen, technischen Zivilisation anzupassen" (127).

In einem sehr wesentlichen Punkt allerdings setzen sich die Bielefelder vom ROBINSOHN-Modell ab. Grundlage für rationale Curriculumentscheidungen war dort die empirische Analyse von Verwendungssituationen; davon verspricht sich diese Forschungsgruppe nichts: „Da sich die Wirklichkeit in einem von der systematischen Erkenntnis kaum einholbaren Wandel befindet, ist die Aussicht, durch Analyse dessen, was jetzt ist, herauszufinden, was morgen und übermorgen sein wird, selbst höchst problematisch. Es kommt jedenfalls darauf an, daß über der wünschenswerten Gründlichkeit, mit der die Innovation der Schule vorbereitet wird, nicht die Möglichkeiten der tatsächlichen Einwirkung verspielt werden" (128).

Für HENTIG ist also Empirie, sofern ihre Ergebnisse von zeitraubenden Forschungen abhängen, als Grundlage für die Lernzielbestimmung ungeeignet. Das kommt auch in der polemischen Auseinandersetzung mit der ROBINSOHN-Gruppe zum Ausdruck: „Die Curriculumstudien des Max-Planck-Instituts können unsere Enkel beglücken, wenn sie nicht bis dahin längst ihren Ansatz überlebt haben" (129).

Die Ausgangsforderung für das Konzept lautet demnach: Das nach den augenblicklichen Einsichten Mögliche muß jetzt getan werden; deshalb ist Curriculumforschung so anzulegen, daß Innovation verhältnismäßig rasch in der Schule wirksam werden kann. Für HENTIG ergeben sich daraus zwei Konsequenzen: Einmal dürfen Entscheidungen über Ziele nicht auf ausgedehnte Forschungen angewiesen sein, und zweitens muß die Praktikabilität der Vorhaben im Forschungsprojekt selbst eingelöst werden.

Damit sind auch schon die Charakteristika des Bielefelder Ansatzes genannt. Die Ziele können weder empirisch-pragmatisch aus den Bedürfnissen der Gesellschaft, noch hermeneutisch aus der Tradition gewonnen werden; die Pädagogik selbst muß eine Auflistung allgemeiner Lernziele vornehmen und dabei von dem Leitziel ausgehen, in dem es keinesfalls „um die bloße Erfüllung sogenannter Bedürfnisse der Gesellschaft" geht, „sondern darum, die gesellschaftliche Existenz zugleich zu ermöglichen und sie zu kritisieren und zu verändern: sie also „in Freiheit" zu bestehen" (130). Allgemeine Lernziele dieser Art hat HENTIG vorgelegt und als Gutachten der Bildungskommission veröffentlicht (131).

Nach diesen theoretischen Grundlagen nun zum Forschungsprojekt selbst: Von besonderer Bedeutung sind die Laborschulen, die Curriculumwerkstätten. Sie sollen die praktische Wirksamkeit der Intentionen garantieren und die Schwierigkeiten, die bei der Anwendung der Forschungsergebnisse entstehen, von vornherein ausschalten. Man erforscht etwas, „indem man es tut" (132). Die Forschung wird zur „action research", zu einer mehrphasigen Abfolge mit Prozeßcharakter im Sinne eines Regelkreises, zu einer Perpetuierung des Vorgangs, „in dem die laufend gewonnenen Erkenntnisse ständig auf die Tätigkeit zurückwirken und somit das Substrat der Forschung wieder ändern" (133).

War zum Zwecke der Ableitung von Zielen der empirischen Forschung eine Absage erteilt worden, so erhält sie in der action research eine Schlüsselstellung. Denn HENTIGs „empirische Didaktik" (134) verfolgt die Absicht, die Praktikabilität von Zielsetzungen im systematischen Experiment zu erproben und hat dies im Gegensatz zu ROBINSOHN und BLANKERTZ, wo nur ein theoretischer Anspruch formuliert ist, als Forschungsprojekt institutionalisiert. Denn: „Was nicht verwirklicht werden kann, kann auch nicht richtig sein, was andere Wirkungen tut, als beabsichtigt, erst recht nicht" (135).

Ein weiterer Unterschied zum ROBINSOHN-Konzept ist der Ort der Forschung: Die Entwicklung von Curricula dürfe sich einerseits nicht mehr wie bisher abseits von der Pädagogik vollziehen, sie dürfe aber auch nicht in Großinstitute verlegt werden, die von der Schulwirklichkeit isoliert wären. Die Folgen lägen auf der Hand: „Die Praktiker fallen darum gegenüber dem Anspruch der Wissenschaft auf ihre sogenannte Erfahrung zurück, oder sie überlassen sich unkritisch dem, was sie für Fortschritt halten; auf der anderen Seite werden die nach einem Musterplan entwickelten Curricula, wenn sie den für sie notwendigen Lehrer nicht vorfinden, sich selber entweder auf den willigen Unterrichtsbeamten einstellen oder teacher-proof als lehrerunabhängig zu sein versuchen" (136).

Die gegenseitige Abhängigkeit von Wissenschaft und Lehrerschaft schlägt sich deshalb in eine für das Forschungsprojekt konstitutive Forderung nieder: „Die Curriculumforschung muß sich vielmehr in Einrichtungen vollziehen, die die Bedingungen, unter denen Curricula realisiert werden sollen, selbst einbeziehen" (137).

Damit allerdings werden Lehrkräfte der Laborschulen zu einer für die Intention der Forschung zentralen Instanz: Sie sind die Akteure der Innovation und bewerten diese im Rahmen ihrer Möglichkeiten. Dennoch ist zu fragen, warum eigentlich Laborschulen notwendig sind. Wird nicht gerade dadurch wieder die Isolierung zur Schulwirklichkeit gefördert? Ist somit nicht die Problematik zum die Realisierung, nämlich wie a l l e Lehrer eines Landes auf die Einführung und Durchführung bestimmter Curricula vorbereitet werden können, an einen anderen Ort verlagert, keineswegs aber aufgehoben?

HENTIG rechtfertigt die Einrichtungen mit folgenden Argumenten: „Die Bielefelder Schulen sollen.. für immer neue Probleme und für die Erprobung des ganzen Spektrums denkbarer und in den kommenden Jahren von der Erziehungswissenschaft entwickelter Neuerungen offen sein. Sie sollen nicht jeweils nur einen Teil des Systems (eine Unterrichtsform, ein Fachcurriculum), sondern die Wechselwirkung zwischen verschiedenen Teilen des Systems ihre jeweiligen Veränderungen erproben, sich also insgesamt als Experiment verstehen" (138).

Mit der Absonderung in eigenen Laborschulen entsteht allerdings die Notwendigkeit, zusätzliche Verfahren für die Einführung in die normalen Schulen eines Landes zu entwickeln, was zwar vorgesehen, aber noch nicht in Angriff genommen worden ist.

Da indes die unterschiedlichen Schultypen von der Gruppe noch nicht terminologisch gefaßt sind, erlauben wir uns, Hilfbegriffe einzuführen: Wir wollen von L a b o r s c h u l e n (bzw. von Laborlehrern) sprechen, wenn die Schulen des Bielefelder Projekts gemeint sind, und wir wollen die normalen Schulen eines Landes als R e g e l s c h u l e n (bzw. die Lehrer als Regelschullehrer) bezeichnen.

So sehr auf den ersten Blick die Unterscheidung von Labor- und Regelschule mißfällt, sie scheint von der Intention her gesehen notwendig, will man verhindern, daß schon der Versuch einer Innovation im Gestrüpp von Bürokratie und Paragraphen, in dem sich die Regelschule befindet, untergeht.

Freilich: Mit der Institutionalisierung des Unterrichts werden der Forschung weitere wichtige Aufgaben gestellt: Sie darf nicht nur inhaltliche Ergebnisse liefern, also etwa evaluierte Fachcurricula, sie muß auch den institutionellen Rahmen und die Bedingungen angeben können, die zur Realisierung notwendig sind, d.h. sie muß Institutionsforschung betreiben.

Damit kann die Forschung des Bielefelder Projekts unter insgesamt vier Gesichtspunkten gesehen werden:

1. Forschung unter der Perspektive der vorherrschenden Tätigkeit: Forschen als praktisches Handeln (action research).
2. Forschung in der Perspektive der Erneuerung des Unterrichts, Forschen nach Innovationsmöglichkeiten (innovative research).
3. Forschung, die sich als Entwicklung von Modellen, Materialien, Strategien vollzieht und ihren Fortschritt aus der sofortigen praktischen Erprobung ihrer Produkte ableitet (developmental research).
4. Forschung unter der Perspektive der institutionellen Bedingungen für Innovation (institutional research) (139).

Alle vier Dimensionen haben wesentliche Konsequenzen zunächst für die beteiligten Laborlehrer, denn „alle Lehrer haben mit ihrem Lehrauftrag einen Forschungsauftrag" (140).

Action research bedeutet indes nicht, die Lehrtätigkeit zum Gegenstand wissenschaftlicher Beobachtung zu machen, sondern die systematische Erprobung theoretischer Vorgaben, d.h. auch hier wird, wie schon bei BLANKERTZ, eine konstruktive Theorie benötigt. Konsequenzen für die Lehrer hat auch die innovierende Funktion dieser Forschung. HENTIG fordert, daß die Laborlehrer „gründlich in ihre neue Aufgabe eingearbeitet und d.h. vor allem von den alten Vorstellungen und Normen emanzipiert werden müssen" (141). Auch hier wird der Zusammenhang von Innovation in der Schule und innovativem Lehrerverhalten erkannt und schlägt sich in bestimmten Forderungen für die Lehrerausbildung nieder (142).

Recht fragwürdig sind indessen die Konsequenzen, die sich für die Lehrer aus der developmental research ergeben. Entwicklungsaufgaben sind Sache der Forschung. Eine gewisse Exklusivität wird dadurch geschaffen, daß hochqualifizierte Lehrer (eben Laborlehrer) an der Entwicklung beteiligt sind, während nach den Regelschul-Lehrern zunächst gar nicht gefragt wird. Die einen können sich in ihrer Praxis mit den theoretischen Vorgaben und Entscheidungen identifizieren, weil sie an allen Vorbereitungen beteiligt waren, die anderen werden lediglich zum Nachvollzug bereits erprobter Handlungen aufgefordert.

Im Zusammenhang mit der Institutionsforschung nennt HENTIG folgende wichtige Aufgaben: „Rekrutierung der Lehrer: Welcher Typ herrscht vor? Warum kommen sie? Worin haben sie Erfolg? Wie wirkt sich die ständige Innovationstätigkeit, das Klima horizontaler Kritik, die Verbindung mit der Wissenschaft .. aus (143)? Solche Ergebnisse scheinen indes in erster Linie dann relevant zu sein, wenn die Innovation in den Schulen selbst stattfinden soll, nicht aber in wissenschaftlichen Instituten, wenn also die Laborschule eine Modellschule künftiger Regelschulpraxis darstellen sollte.

Die Ausführungen über die heterogenen Forschungsintentionen in Bielefeld dokumentieren die einschneidende Wende der Erziehungswissenschaft, wie sie BLANKERTZ vorgezeichnet hat: Innovationen sollen wissenschaftlich bis ins einzelne geplant werden (144). Bei HENTIG heißt dies: „Systematische Überprüfung der Schultätigkeit in einer strengen Reihenfolge" (145).

Neben dem einschneidenden Wandel für die Wissenschaften aber vollziehen sich gravierende Veränderungen für die Praxis selbst. Diese ist plötzlich nicht mehr ohne wissenschaftliche Voraussetzungen denkbar. Allerdings haben die Wissenschaften augenblicklich noch große Schwierigkeiten, den Unterricht mit all seinen Implikationen und seiner komplexen Organisationsstruktur zu systematisieren.

Nun muß allerdings die Planungsprozedur im einzelnen noch nachgetragen werden; vor allem ist es in diesem Zusammenhang wichtig, die einzelnen Aktivitäten der Lehrer und das daraus ableitbare Selbstverständnis zu kennzeichnen. Die Forschung selbst vollzieht sich in der Laborsituation. In ihr wird mit den vorhandenen und bereits genannten Einrichtungen eine Planungsdifferenzierung bis zur Unterrichtsebene geleistet. Anschließend will man sich mit den Bedingungen der Übertragbarkeit auf andere Schulen befassen. Dies kann jedoch im Augenblick unberücksichtigt bleiben, weil sich das Projekt noch im Laborstadium befindet.

Wenn auch die bisherigen Vorlagen noch keine endgültigen und genau festgelegten Prozeduren erkennen lassen, so erscheint es doch möglich, die bisherigen Vorstellungen in einigen Schritten darzustellen.

Als ersten Schritt nennt HENTIG die „Aufstellung von Hypothesen über sinnvolle mögliche und nötige Lernziele der Schule" (146). In einem zweiten Schritt werden auf zwei Ebenen Entscheidungen gefällt. Zunächst sind allgemeine Lernziele zu bestimmen. Einen Katalog solcher Lernziele hat HENTIG im Jahre 1969 in einem Gutachten der Bildungskommission vorgelegt (147). Wesentlich erscheint, daß ein solcher Katalog auf dem Konsens aller beteiligten Gruppen beruhen muß, also auf die Zustimmung von Wissenschaftlern, Lehrern, Schülern und Eltern angewiesen ist.

Erst in einem weiteren Arbeitsgang werden dann Fachziele bestimmt. „Die Zieldiskussion wird von Sach- und Fachkompetenzen aus vorgenommen werden müssen" (148). Der Zusammenhang mit den allgemeinen Zielen ist jedoch zu wahren: „. . aber in entschlossener Ausrichtung auf die allgemeinen Lernziele und in konsequenter Berücksichtigung der lerntheoretischen und gesellschaftlichen Bedingungen" (149). Allgemeine Lernziele haben hier dieselbe Funktion wie das Strukturgitter bei BLANKERTZ: Sie dienen als Kriterien, an denen die Brauchbarkeit von Fachzielen zu messen sein wird. Ein Deduktionsmodell, wie es Christine MÖLLER vorlegt, wird freilich auch von HENTIG abgelehnt (150).

Damit aber ein Katalog von Unterrichtszielen entstehen kann, der möglichst präzise und verhaltensnahe Definitionen enthält, sollen Lernzieltaxonomien herangezogen werden. Sie sollen allerdings einer empirisch-praktischen Kritik unterzogen werden. Da die experimentelle Forschung hier erst anläuft, ist man noch nicht sehr weit. HENTIG selbst bekennt: „Diese Aufgabe wird nur durch aufwendige, interdisziplinäre Forschung von Psychologen, Pädagogen und Fachwissenschaftlern zu leisten sein" (151).

Der dritte Schritt ist „die Wahl der Mittel und Verfahren auf diese Ziele hin" (152). Es wird entscheidend von den Methoden abhängen, ob das Intendierte erreicht werden kann. Hier zeigt sich wiederum ein in der Curriculumdiskussion durchgängig und deshalb wohl recht grundsätzliches Argument: Wissenschaftliche Curriculumentscheidungen können gar nicht bloß inhaltliche Entscheidungen sein, sie sind konstitutiv auf methodische Entscheidungen angewiesen, da bestimmte Verhaltensresultate eben nicht nur das Ergebnis inhaltlicher Entscheidungen sind, sondern einer Erkenntnis P. HEIMANNs zufolge das Ergebnis inhaltlicher und methodischer Entscheidungen zugleich (153).

HENTIG geht indes noch weiter als die theoretischen Konzepte, welche oben ausgeführt wurden. Die theoretischen Vorstellungen bedürfen der praktischen Erprobung. Deshalb heißt der nächste Schritt (übrigens u.E. nicht sehr zutreffend): Entwicklung und Erprobung der konkreten Unterrichtsvorgänge, -situationen und -materialien (154).

Wir meinen, daß damit die Entwicklung konkreter Unterrichtsentwürfe (einschließlich der Unterrichtsmaterialien) und deren Erprobung in konkreten Unterrichtsvollzügen gemeint sein muß. Damit sind wieder zwei zu unterscheidende Phasen gekennzeichnet: Die Phase der Planung auf der Unterrichtsebene und der tatsächliche Vollzug des Unterrichts.

Wie die Autoren selbst bekennen, ist es außerordentlich schwierig, diese Schritte methodisch zu kontrollieren und die Wirkungen der erprobten Curricula festzustellen. „Sie bestehen darin, daß einerseits die Gebilde, deren Wirkungen zu überprüfen sind, selbst sehr komplex sind und daß andrerseits auf den Kontext in dem sie erprobt werden, Rücksicht genommen werden muß (155). Die Schwierigkeiten liegen demnach für die Wissenschaften auf einem methodologisch für sie selbst neuen Gebiet. Neben inhaltlichen Schritten (d.h. der Entwicklung und Erprobung von Curriculuminhalten, -intentionen, -methoden und -materialien) sind zusätzlich wissenschaftsmethodologische Akte von größter Wichtigkeit. Überdies muß das gesamte wissenschaftliche Vorgehen für alle Beteiligten durchsichtig, verständlich und kontrollierbar sein.

Zur Validierung des Gesamtprozesses und der einzelnen Phasen werden daher verschiedene Kontrollen eingebaut. Einmal gibt es eine fest institutionalisierte Evaluation in allen Phasen der Prozedur und schließlich eine Rückkopplungsphase an deren Ende. Für die permanente Evaluation sind Evaluationsexperten vorgesehen, durch welche die Validität in allen Schritten gesichert werden soll. Ihre Aufgaben sind einmal inhaltlicher Art, d.h. sie müssen überprüfen, ob die Ziele des Curriculums operational definiert sind, denn nur so sind sie später der Bewertung zugänglich. Dies darf allerdings nicht dazu führen, „daß solche Unterrichtsziele ausgeschieden werden, die sich nicht in die gewünschte Form bringen lassen, oder die auf so langfristige Verhaltensänderungen zielen, daß ihre Wirkung nicht unmittelbar festzustellen ist" (156).

Eine weitere Aufgabe solcher Experten ist instrumenteller Art. Gleichzeitig mit der Operationalisierung müssen nämlich Evaluationsinstrumente konstruiert werden (157). Und schließlich ist ihre Aufgabe eine Kommunikative, d.h. es muß die Gewähr gegeben sein. daß alle Beteiligten alle Vorhaben verstehen und ausführen können.

ÜBERSICHT

Prozedur:	Evalution:
I. Forschungssituation	
(1) Aufstellung von Hypothesen über sinnvolle mögliche und nötige Lernziel	
(2) a: Festlegung allgemeiner Lernziele (Wissenschaftler, Eltern Lehrer, Schüler)	Kontrolle der Wünschbarkeit und Notwendigkeit
b: Aufstellung von verhaltensnahen Fachzielen (Fach- und Sozialwissenschaftler)	Kontrolle der Angemessenheit und Verhaltensnähe
(3) Wahl der Mittel und Verfahren (Wissenschaftler und Lehrer)	Kontrolle der Angemessenheit d. Mittel
(4) Entwicklung von Unterrichtseinheiten und -materialien	Kontrolle der Verständlichkeit
Erprobung in Unterrichtssituationen (Lehrer d. Laborschulen)	
(5) Rückkopplung der Erfolge an Zielbestimmung und deren Korrektur	
II. Anwendungssituation	
Übertragung auf andere Schulen; Erprobung in anderen Schulen	Kontrolle der Übertragbarkeit

Dem Laborlehrer kommt somit eindeutig eine Doppelfunktion zu: Einmal muß er Lernprozesse organisieren und die dafür notwendigen Voraussetzungen schaffen; in dieser Funktion ist er L e h r e r . Andrerseits ist sein unterrichtliches und planerisches Handeln selbst Gegenstand der Forschung, weshalb er jenes ständig gegenüber den hypothetischen Vorgaben rechtfertigen muß; in dieser Funktion ist er F o r s c h e r .

Dazu allerdings bedarf es bestimmter Qualifikationen, zu denen sich HENTIG folgerndermaßen äußert:

1. Lehrer müssen neben ihrer Spezialisierung allgemein gebildet sein, d.h. sie müssen zu interdisziplinärer Zusammenarbeit und zum bewußten Überschreiten ihrer Fächergrenzen fähig sein.
2. Lehrer müssen sich deshalb häufig sytematischer Fortbildung unterziehen.
3. Lehrer müssen zu langfristiger Unterrichtsplanung fähig sein.
4. Lehrer müssen sich gründlich in die neuen Aufgaben einarbeiten, um sich von alten Vorstellungen und Normen emanzipieren zu können und einen wirklich veränderten Unterricht zu leisten.
5. Der Lehrer wird, wenn er nicht dem Druck seines gesamten Handlungskontextes ausgeliefert sein will, seine Position wissenschaftlich begründen müssen und politisch zu rechtfertigen haben (158).

Aus der Anlage des Projekts wird jedoch sichtbar, daß der Lehrer derartige Qualifikationen nur im Forschungsprozeß selbst erwerben kann.

Die Forderung von MENCK, die Curriculumforschung in die Lehrerausbildung zu tragen, ist hier in einer besonderen Variante praktiziert, in der allerdings die Perspektive gewechselt hat: Curriculumforschung ist von einem geeigneten Instrumentarium neuer methodologischer Möglichkeiten abhängig. Die Lehrerqualifikation selbst ist Teil dieses Instrumentariums. Damit gehen Curriculumentwicklung und Lehrerausbildung eine permanente Wechselwirkung ein: Der Lehrer kann nämlich nur so kompetent sein, wie Instrumente der Forschung zur Verfügung stehen, andrerseits trägt er durch eine ständige Verbesserung seiner Kompetenz auch zur Verbesserung der Forschungsmethoden bei. Diese dialektische Verschränkung von Entwicklungsverfahren und Lehrerkompetenz erscheint uns als das hervorstechendste Merkmal dieses Projekts hinsichtlich seiner Aussagen zum Thema Lehrer.

4.1. Ergebnisse und Konsequenzen

Die action research der Bielefelder Forschungsgruppe verändert das Verständnis des Lehrers in besonderer Weise: Sie analysiert Unterricht nicht, wie technologisch orientierte Unterrichtsforschung, sie versucht vielmehr, bestimmte theoretische Vorgaben in einem neu gefaßten Unterricht zu verifizieren, m.a.W.: Sie vollzieht theoretisch konzipierte Innovation in der Praxis. Die Konsequenzen einer solchen Anlage für den Lehrer sind folgende:

1. Das action research projekt ist Forschung nicht im üblichen Sinne: Neue, bisher nicht unterrichtete Inhalte werden im systematischen Experiment erprobt. Für die ausführenden Laborlehrer bedeutet dies, daß sie ihren Unterricht an wissenschaftlich projektierten Maßgaben ausrichten, und sich nicht an der eigenen Erfahrung oder

Tradition orientieren. Sie sind in dieser Perspektive Lehrer und Forscher zugleich, da sie neben dem Unterricht die Praktikabilität der Innovation unter Beweis stellen müssen.

2. Zum Projekt gehört auch Institutionsforschung. Damit dürfte gewährleistet sein, daß die Arbeitsbedingungen des Lehrers systematisch erforscht werden. Man wird sich vom Ergebnis Aufschluß darüber versprechen, unter welchen Voraussetzungen struktureller Art der Lehrer Innovation leisten kann, vor allem welche Hindernisse in der gegenwärtigen Schule solcher Intention entgegenstehen. Erst dann wird man erfahren, inwieweit Innovation durch das Engagement der Lehrer möglich ist.
3. Dennoch bleibt der Ansatz gegenüber der Kompetenz des Lehrers ambivalent: Auf die Laborsituation bezogen, sind alle Aktivitäten darauf gerichtet, eine umfassende, vor allem zu Innovationen fähige Lehrerkompetenz zu schaffen. Alle wissenschaftlich entwickelten Instrumente der Forschung sind - so gesehen - Elemente dieser Kompetenz. Andrerseits wird jedoch nicht deutlich, ob auch für die übrigen, die Regelschul-Lehrer, dieselben Voraussetzungen gelten. Sobald nämlich die Innovation in erster Linie als in die Zuständigkeit der Forschung gehörig angesehen wird, wird der normale Lehrer nur dazu da sein, sie in den Schulen nachzuvollziehen, sie aber selbst nicht hervorzubringen imstande sein. Seiner Kompetenz wird sich von der des Laborlehrers wesentlich unterscheiden.
4. Damit tritt allerdings ein von HENTIG möglicherweise gar nicht beabsichtigter Effekt ein: Es entstehen zwei in Verwendung, Qualifikation und Kompetenz unterscheidbare Lehrertypen: Der Laborlehrer mit der Funktion, im Rahmen der Forschung Innovationen hervorzubringen, und der gewöhnliche Lehrer mit der Funktion, die Ergebnisse der Forschung in seiner Praxis zu reproduzieren.

5 Exkurs: Der entscheidungstheoretische Ansatz von Flechsig und Haller

Wie alle Curriculumforscher, so greifen auch FLECHSIG und seine Mitarbeiter zunächst auf bildungspolitische Motive zurück und sehen ihren Auftrag darin, für die Neuformulierung der Ziele und Inhalte der öffentlichen Erziehung ... theoretische und methodologische Instrumente verfügbar zu machen (160). Anders als etwa BLANKERTZ und ROBINSOHN aber sehen sie eine Effektivierung der Unterrichtspraxis als vordringlich an, welche durch die bisherigen technologischen Impulse, etwa durch die programmierte Instruktion oder durch technische Medien, deshalb nicht den erhofften Erfolg verzeichnen könnten, weil sie rational herbeigeführte Zielentscheidungen ausgeklammert hätten und sich mit der Effektivierung der Mittel begnügten. Man müsse - so die Forderung von FLECHSIG - mit erfahrungswissenschaftlichen Methoden und Instrumenten die Entscheidungsprozesse selbst in den Griff bekommen und dürfe diesen Bereich nicht politischen Instanzen überlassen.

Sie setzen damit genau an jener Stelle an, an der ROBINSOHN sogenannte Alternativ-Curricula einem politischen Entscheidungsprozeß überantwortete. Sie konzentrieren ihr Interesse also auf e i n e n , wenn auch zentralen T e i l a s p e k t der Curriculumentwicklung und sind in bestimmten Phasen der Entwicklungsprozedur auf andere Modelle angewiesen.

Dies gilt zunächst für die der Entscheidung vorangehende Phase der Information. Hier werden in sehr detaillierter Arbeit „Bänke" von operationalisierten Lernzielen entwickelt, aus denen im Entscheidungsprozeß eine Auswahl getroffen wird. Notwendig ist eine solche Konkretisierung bereits vor der Entscheidung deshalb, weil „das Optimum der Entscheidung .. umso wahrscheinlicher zu erreichen ist, je größer die Menge der bekannten und formulierten Alternativen ist (161) und weil die Entscheidung durch eine hinreichende Form der Operationalisierung von Lernzielen begünstigt wird (162).

Die Konsequenzen die daraus für den Lehrer resultieren, sind mittlerweile bekannt und bei Darstellung des ROBINSOHN-Modells ausführlich abgehandelt worden: die unterrichtliche Kompetenz des Lehrers wird reduziert, ein Teil der Aktivitäten, die bisher in seine Zuständigkeit fielen geht auf zentrale Gremien über.

Auch für die der Entscheidungsphase folgende Phase der Evaluierung von Curricula, in der der Lehrer im Mittelpunkt steht, weil es um die unterrichtspraktische Erprobung von operationalisierten Lernzielen geht, sind ähnliche Konsequenzen zu befürchten, wie bei den Laborschulen von Bielefeld (im HENTIG-Ansatz dargestellt): Es wird ein neuer Lehrertyp mit qualifizierten Aufgaben geschaffen, die vielen Lehrer an den Regelschulen aber bleiben von der Forschung an Versuchs- und Laborschulen ausgeschlossen.

Im Zentrum des Ansatzes steht indessen ein entscheidungstheoretisches Konzept, das gegenüber bisherigen Ansätzen einen neuen Aspekt auch für die Lehrerrolle enthält. Folgen wir daher zunächst den entscheidungstheoretischen Ausführungen, die FLECHSIG und HALLER in dem jüngst erschienenen Gutachten (163) dargelegt haben:

Die Autoren gehen davon aus, daß es bei Legitimation von Curricula „nicht darum gehen kann, Kriterien zu benennen, an denen die Qualität von Lernzielen unmittelbar zu messen ist, sondern Kriterien, die zur Bestimmung der Qualität des Prozesses dienen können, durch den Lernzielentscheidungen herbeigeführt werden" (164).

Für die Präferenz gibt es drei Gründe: „Hinter diesem Ansatz verbirgt sich zum einen die Annahme, daß es realistisch ist, zu vermuten, daß zwar in einer pluralistischen Gesellschaft ein relativ breiter Konsensus über Verfahrenskriterien zu erreichen ist, kaum aber ein Konsensus über inhaltliche Kriterien..... Zum andern kommt in diesem Ansatz die Auffassung zum Ausdruck, daß die Kommunikation über Lernziele für die öffentliche Erziehung nicht außerhalb von öffentlichen Gremien geführt werden sollte, gerade auch dort, wo es um konkrete Lernziele geht" (165). Schließlich hat drittens die Option der Autoren für eine Aufklärung der Kommunikations- und Entscheidungsprozesse legitimierter Entscheidungsträger eine „größere Chance, zu ‚guten

Lernzielen' zu führen, als deren unmittelbare Ableitung aus Fakten oder Normen durch Experten oder Administratoren in nicht-öffentlicher professioneller Tätigkeit" (166). Eine derartige wissenschaftstheoretische Position hat für den Lehrer eine Reihe von Konsequenzen. Die prozeßbezogenen Kriterien, die ihn zum Entscheidungsträger machen sind nach FLECHSIG und HALLER die folgenden vier:

1. Personen, die „entscheiden, was Personen lernen sollen, bedürfen dazu einer Legitimation" (167). Das ist vor allem Legitimation durch Auftrag (staatliche Behörde) und durch Betroffenheit (Eltern, Lehrer, Schüler und Abnehmergruppen).
2. Eine der wesentlichen Voraussetzungen aber ist die Kompetenz: „Bei Entscheidungen in komplexen gesellschaftlichen Bereichen erweist sich der gesunde Menschenverstand einzelner immer mehr als unzureichende Entscheidungsbasis, so daß die Einbeziehung von Fachverstand, von ‚Experten' bei diesen Entscheidungen üblich ist" (168).
3. Ferner müssen die Entscheidungsprozesse selbst transparent sein. Dies beginnt bei der Identifizierung der Entscheidungspunkte und erstreckt sich auf die Öffentlichkeit bei der Rekrutierung der Entscheidungsträger, auf die Offenlegung der Vorentscheidungen und Begründungen (169).
4. Schließlich müssen Entscheidungen effizient sein.

Im Hinblick auf unsere Fragestellung sind die beiden ersten Kriterien besonders relevant. Die Beteiligung des Lehrers wird dadurch legitimiert, daß er von den Entscheidungen betroffen ist und Kompetenz mitbringt. Das Kriterium der Betroffenheit ist indes nicht ganz unproblematisch, weil er unter Umständen Entscheidungen vorzieht, die ihm seine berufliche Tätigkeit erleichtern (170) oder die mit weniger eigener Fortbildungsleistung verbunden sind. Diese Gefahr ist allerdings nur durch das Kriterium der Transparenz von Entscheidungsprozessen auszuschalten; d.h. die Entscheidungen müssen begründet werden.

Jedoch: die wesentlichsten Konsequenzen für das Selbstverständnis und die Ausbildung des Lehrers ergeben sich aus dem Kompetenzbegriff, den die Autoren vorschlagen. Zunächst ist man geneigt, unter Kompetenz die fachliche und didaktische Qualifikation und die Fähigkeit zu verstehen, derartige Kenntnisse unterrichtspraktisch zu verwerten, eine Kompetenz also, deren Voraussetzungen in der Ausbildung erworben wurden und die durch seine praktische Tätigkeit ständig vervollkommnet wird.

Für die Autoren aber werden zudem - und zwar für alle Entscheidungsträger, nicht nur für den Lehrer - noch weitere Kategorien hinzugefügt. Kompetenz umfaßt auch die Fähigkeit die wissenschaftlich normierten Entscheidungsprozesse mitvollziehen zu können: „Kompetenz durch Entscheidungsbewußtsein besagt, daß die Entscheidungsträger sich ihrer Rolle als Entscheidungsträger bewußt sind, daß sie sicht nicht als Redaktionsgremium, als Sprachrohr absoluter disziplinärer Einsichten. als Interpreten normativer Vorgaben oder als Anwälte von nicht hinterfragbaren Traditionen ... verstehen. Entscheidungsbewußtsein beinhaltet das Wissen um die Möglichkeit von Alternativen, Sensibilität für normative Systeme, denen sich Lernziele zuordnen lassen, Wissen um die Interessenabhängigkeit von Entscheidungen und schließlich die Fähigkeit, Konsequenzen der Entscheidungsalternativen zu antizipieren und die eigenen Präferenzen in Frage zu stellen" (171).

Weshalb allerdings fast durchwegs sog. „defensiven Tugenden", wie Kompromißbereitschaft oder Relativierung des eigenen Standpunktes das Wort geredet wird und nicht auch die Fähigkeit einen bestimmten Standpunkt argumentativ-überzeugend durchzusetzen, propagiert wird, wollen die Autoren nicht begründen. Die Notwendigkeit, jedoch, daß die sich fachlich oft unterscheidenden Personen eines common sense bedürfen, der eine Bereitschaft zur Kooperation und Kommunikation zum Inhalt hat, ist in den fünfziger Jahren in Amerika beachtet und bereits dort sehr differenziert herausgearbeitet worden (172). Auch FLECHSIG und HALLER wollen mit der Einführung der Kategorie des Entscheidungsbewußtseins offensichtlich verhindern, daß von der Fachkompetenz her heterogene Entscheidungsgremien in Einzelkompetenzen zerfallen und damit entscheidungsunfähig werden.

Eine sehr wesentliche Voraussetzung für den Aufbau des Entscheidungsbewußtseins ist allerdings eine direkt auf den Entscheidungsprozeß bezogene Fähigkeit: „Die Kompetenz durch Verfahrenskenntnisse dürfte als weiteres Kompetenzkriterium für kollektive Entscheidungsprozesse wichtig sein, hierzu gehören z.B. die Fähigkeiten, Entscheidungsprämissen zu benennen und zu erfragen, Entscheidungsalternativen zu formulieren, wahrzunehmen und sie mit Interessenzusammenhängen und Präferenzen in Verbindung zu setzen, Begründungen vorzutragen und abzuverlangen, Spielregeln ... zu entwickeln und einzuhalten, Informationen systematisch abzufragen und in den Entscheidungsprozeß einzubringen, gruppendynamische Prozesse zu erkennen und zu steuern, Rollen zu übernehmen und zu identifizieren etc." (173). Allerdings bleibt bei den Autoren offen, wie eine solche Kompetenz erworben werden soll. Ist sie Voraussetzung für eine Teilnahme an der Entscheidung, so kann sie nicht erst in den Prozessen selbst erlangt werden. Demnach ist dafür Sorge zu tragen, daß in der Ausbildung die Fähigkeit, Entscheidungen nach rationalen Kriterien zu treffen, als Ziel enthalten ist und in entsprechenden Veranstaltungen realisiert wird.

Damit ist die wesentliche Konsequenz des FLECHSIG-schen Ansatzes für den Lehrer: Dieser muß, um als Entscheidungsträger in Frage zu kommen, *entscheidungsfähig* werden, durch ein entsprechendes *Simulationstraining* während seiner Ausbildung. Hier ergibt sich indes eine organisatorische Schwierigkeit, die im Kern eine sachliche ist: Was die Autoren unter Verfahrenskenntnissen subsumieren, nämlich Informationen abzufragen, Begründungen vorzutragen und auch Interessenzusammenhänge zu identifizieren, können nicht von Inhalten abstrahiert erworben werden. Sie müssen demnach in die fachwissenschaftlichen und fachdidaktischen Ausbildungsgänge integriert werden. In dieser Perspektive zeigt sich aber über das Ausbildungsproblem hinaus generell die Fragwürdigkeit der Trennung verfahrensrationaler und inhaltlicher Kompetenz. Kann eine Wissenschaft überprüfen, ob Begründungen vorgetragen, ob wirklich Informationen systematisch abgefragt wurden oder ob eine Sensibilität für normative Systeme besteht, wenn sie sich gegenüber inhaltlichen Fragen und Normproblemen abstinent zeigt? Ist die beabsichtigte Trennung von Subjekten, die über Normen entscheiden und der Wissenschaft, die lediglich normative Sätze beschreibt und den Entscheidungsträgern als Information liefert, in der Entscheidungssituation überhaupt aufrechzuerhalten?

Die in diesem Ansatz zum Vorschein kommende Resubjektivierung (174) des Normenproblems ist vergleichbar der Normenkritik der Berliner Didaktik, in der die Funktionen und Kompetenzen zwischen Wissenschaft und handelndem Subjekt ähnlich verteilt waren. Allerdings sind hier die Entscheidungen nicht „nachwissenschaftlich-privat" (175), sondern „demokratisch", weil sie durch eine Abstimmung der Entscheidungsträger herbeigeführt werden. Hinsichtlich der Konsequenzen für den Lehrer sind demnach bei diesem Ansatz - zusammenfassend - folgende Aspekte relevant:

1. Der Lehrer als Entscheidungsträger bedarf für eine „neue" Aktivität in seinem Beruf einer besonderen Qualifikation: der Entscheidungsfähigkeit.
2. Die Reduktion wissenschaftlicher Kompetenz auf Verfahrenstechnik, setzt ihn in der Entscheidungspraxis nicht nur der Situation aus, über Normen entscheiden zu müssen. Der Verzicht der Wissenschaft auf die Festlegung inhaltlicher Kriterien, läßt ihn auch bei der Rechtfertigung seiner Normenentscheidung allein.

6 Curriculumforschung und Bildungspolitik

An dieser Stelle soll zunächst an eine These erinnert werden, die wir eingangs vertreten haben: In der gegenwärtigen Situation versuchen politische Instanzen, das Bildungswesen mehr und mehr unter bildungsökonomische Prämissen zu stellen.

Dieser Umstand läßt Bildungspolitik und Wissenschaft in ein neues Verhältnis gegenseitiger Abhängigkeit treten. Es ist deshalb zu fragen, wie sich ein derartiges Verhältnis darstellt, welche Schwierigkeiten sich zeigen und in welcher Weise Lösungen versucht werden. Als erstes, äußeres Zeichen für solche Beziehungen ist die Tatsache zu werten, daß die Erziehungswissenschaftler, deren Ansätze oben analysiert wurden, allesamt in der bildungspolitischen Institution des Bundes, nämlich im BILDUNGSRAT, vertreten sind, und damit ihr politisches Engagement nachdrücklich unterstreichen.

Die Wissenschaftler bilden im Bildungsrat die sogenannte Bildungskommission. Sie trat mit zwei Schriftenreihen an die Öffentlichkeit:

1. durch Gutachten und Studien, die „im Auftrag der Bildungskommission erstellt" sind und „in den Beratungen als Materialien" dienen.
2. durch Empfehlungen, die aus den Beratungen der Bildungskommission hervorgehen und als Vorschläge für politische Entscheidungen gedacht sind (176).

Die vordergründige Frage mag zunächst lauten, wie denn die Curriculumdiskussion in dieser Schriftenreihe erscheine, zumal in der Einleitung zum Strukturplan eigens betont wird, daß Empfehlungen der Bildungskommission nicht mehr identisch sind mit den Ansätzen der Vertreter selbst (177).

Die eigentlich entscheidende Frage aber ist, wie die politischen Instanzen angesichts solcher Empfehlungen reagieren und welche Vorstellungen sie ihrerseits entwickeln.

Das führt uns freilich zu einer grundsätzlicheren Betrachtung der gegenwärtig geführten Diskussion; vor allem interessiert uns, ob die Struktur des Dialogs der beiden Hauptpartner mehr wissenschaftlich-technologische oder mehr politisch dezisionistische Züge trägt, ja, ob die Bewältigung des Problems, nämlich die inhaltliche Erneuerung der Schule, durch einen Dialog zwischen nur diesen Partnern, angemessen erfolgen kann.

Es ist deshalb eine weitere Sorte von Texten in die Analyse mit einzubeziehen, nämlich politische Programme. Von besonderem Interesse sind in diesem Zusammenhang der Bildungsbericht '70 der Bundesregierung und der Zwischenbericht der Bund-Länder-Kommission für Bildungsplanung. Beide enthalten wichtige Vorentscheidungen über Curriculumprobleme.

Zunächst sollen bei der Analyse des Materials vier Fragen im Vordergrund stehen:

1. Von welchem Curriculumbegriff wird ausgegangen? Wird der Rahmencharakter, wie er bei Lehrplänen geläufig ist, beibehalten oder wird ein Curriculum differenzierte Unterrichtseinheiten aufweisen?
2. Sind bereits Vorstellungen vorhanden, in welcher Weise Curricula entwickelt werden sollen, ist dabei eine Verteilung der Kompetenzen geregelt und - welche Aktivitäten werden dem Lehrer zuerkannt?
3. Welche Entscheidungen und Aktivitäten sind einer Zentralisierung unterworfen und welche Konsequenzen ergeben sich daraus für den Lehrer?
4. Werden aus der veränderten Situation für den Lehrer Konsequenzen hinsichtlich seiner Ausbildung gezogen und wie sehen diese aus?

6.1 Zum Curriculumbegriff

Der umfassendere Curriculumbegriff hat inzwischen sowohl in die EMPFEHLUNGEN als auch in die BERICHTE Eingang gefunden. Unterschiede ergeben sich bei folgender Gegenüberstellung:

Strukturplan	Bericht d. Bund-Länder-Kommission
„Curriculum bedeutet im Kern die organisierte Anordnung auch inhaltlich bestimmter Lernvorgänge im Hinblick auf bestimmte Lernziele. Diese können als ein Verhalten od. als Art und Grad bestimmter Fähigkeiten, Fertigkeiten oder Kenntnisse definiert sein. Zum andern bezieht sich der Begriff Curriculum auf den Lernenden, der das bestimmte Lernprogramm im Hinblick auf das Lernziel „durchläuft". So verstanden bezeichnet Curriculum die Schullaufbahn des Schülers und zwar von den Lernzielen her gefaßt. Die Bestimmung der Inhalte der schulischen Lernprozesse ist unmittelbar verknüpft mit der Bestimmung der Lernziele. Diese Bestimmung zu treffen und laufend zu überprüfen, ist eine der wichtigsten Aufgaben, die im Bildungswesen wahrzunehmen sind: Die Lernziele müssen in abgestuften Graden definierbar u. operationalisierbar sein" (178).	„Unter Curriculum wird ein System für den Vollzug von Lernvorgängen im Unterricht in Bezug auf definierte und operationalisierte Lernziele verstanden. Das Curriculum umfaßt: - Lernziele (Qualifikationen, die angestrebt werden sollen) - Inhalte (Gegenstände, die für das Erreichen der Lernziele Bedeutung haben) - Methoden (Mittel und Wege, um Lernziele zu erreichen) - Situationen (Gruppierung von Inhalt und Methoden) - Strategien (Planung von Situationen) - Evaluation (Diagnose der Ausgangslage; Messung des Lehr- und Lernerfolgs mit objektivierten Verfahren" (179).

Beide Zitate verdeutlichen, daß das Curriculum ein differenziertes Lernangebot enthalten soll. Die Forderung nach einer detaillierten Darstellung von Lernzielen und -inhalten von Methoden und Materialien spiegelt demnach den üblichen Stand der Curriculumdiskussion wider. Auch der wesentliche Anspruch empirisch betriebener Curriculumforschung ist aufgenommen: Lernziele müssen ihre Einlösbarkeit nachweisen können, sollen sie im Curriculum einen festen Platz erhalten.

Indessen werden auch Akzentverschiebungen zwischen beiden Textauszügen erkennbar: Werden nämlich im ,BERICHT' die Lernziele als „angestrebte Qualifikationen" gefaßt, so ist das Curriculum des STRUKTURPLANs eben auch als ,Fahrplan' des Schülers zu verstehen. In dieser Perspektive kann es aber gar nicht mehr so leicht als Steuerungsinstrument schulexterner Instanzen fungieren. Noch deutlicher wird der STRUKTURPLAN in der Frage der Abgrenzung des Curriculums gegenüber dem Lehrplan:

„Alle Schüler sind gegenwärtig durch den Lehrplan der Schulart weitgehend festgelegt. Die Organisation des Lernens, die im Strukturplan angestrebt wird, ist jedoch eine andere: Die Schüler sollen inhaltlich verschieden akzentuierte Lernprogramme innerhalb eines gemeinsamen Bezugsrahmens absolvieren können. Darum muß die Schule eine Mannigfaltigkeit von Curricula und einen entsprechend differenzierten Unterricht anbieten. Das Curriculum des Lernenden wird mit dem Lehrplan nicht zwangsläufig identisch sein. Da der Schüler im Sekundärbereich einen oder mehrere Schwerpunkte bilden kann, gehen seine persönlichen Lerninteressen, seine besonderen Motivationen und Lernfähigkeiten als Bestimmungmomente in sein Curriculum ein" (180).

Nimmt man die Vertreter der Bildungskommission beim Wort, müßte eigentlich ein solcher Begriffsinhalt eine dezentralisierte Curriculumentwicklung zur Folge haben. Hier ist nämlich der Lehrplanbegriff gar nicht aufgegeben, vielmehr fungiert er als der Rahmen, der durch das Curriculum individuell gefüllt werden soll. Das hat indessen die Konsequenz, die wichtigsten Entscheidungen in die Hände der Lehrer und Schüler selbst zu legen. Darum wird es für uns notwendig, die Vorstellungen über die Entwicklungsprozeduren darzulegen, um genauere Auskünfte über die Entscheidungskompetenzen zu erfahren.

6.2 Zur Entwicklungsprozedur

Widersprüche zwischen politischen und wissenschaftlichen Instanzen, wie sie bereits bei der Analyse des Curriculumbegriffs zutage traten, werden auch bei den Entwicklungsprozeduren deutlich.

Folgen wir zunächst den Vorstellungen der EMPFEHLUNGEN:

Die konkretesten Aussagen liefern die Empfehlungen zur Errichtung von Gesamtschulen. Dort zeichnet sich eine Curriculumentwicklung auf der Unterrichtsebene ab.

In zehn Phasen arbeiten Lehrer und Curriculumexperten, teils abwechselnd, teils gemeinsam an Lehrplänen und konkretisieren sie zu Unterrichtsentwürfen. Eine vorläufige Erprobung führt zur ersten Revision, eine abermalige Erprobung zur vorläufig endgültigen Redaktion des Curriculum:

Pragmatische Curriculumrevision:
Kooperation von Experten und Lehrern

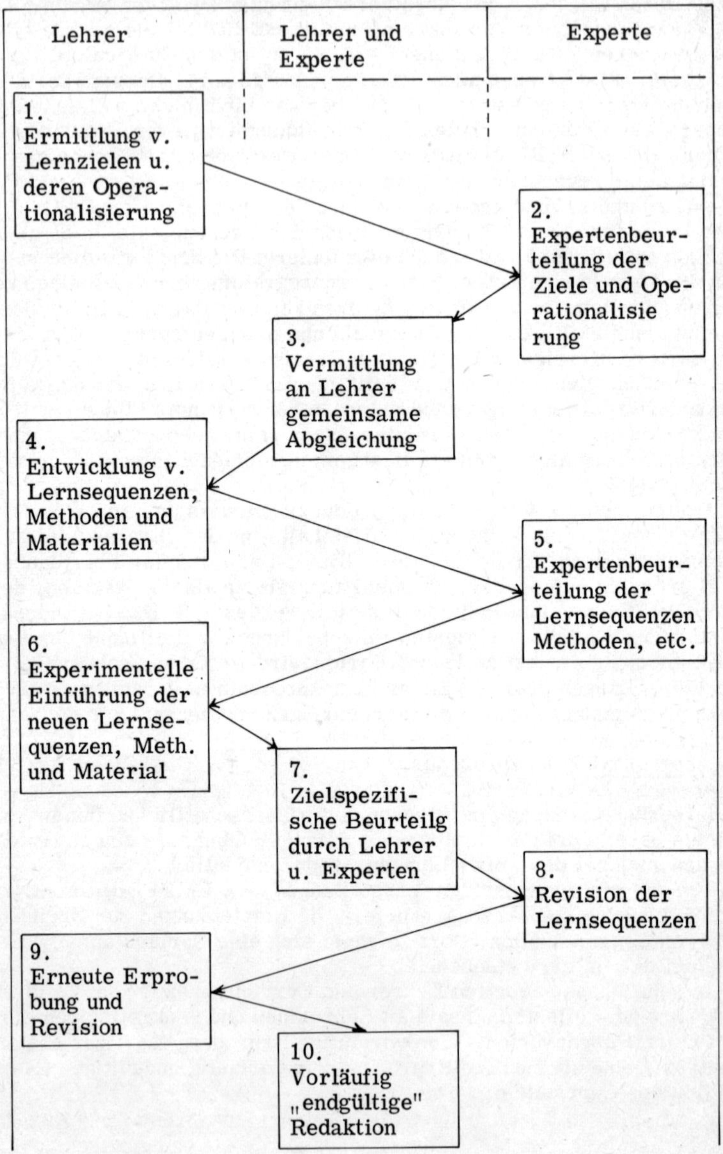

Solche Einrichtungen für die Entwicklungsaufgaben stehen freilich in dem Verdacht, nur vorübergehender Natur zu sein. Denn sie sind im Zusammenhang mit Schulversuchen für Gesamtschulen eingerichtet und deswegen notwendig geworden, weil die Lehrpläne der anderen Schulen nicht für diesen neuen Schultyp paßten. Daher waren die Lehrerkollegien der Versuchsschulen gezwungen, sich die Lehrpläne zunächst selbst zu erarbeiten. Wollte man indessen an dieser Praxis festhalten, auch wenn die Gesamtschule einmal Regelschule wäre, so würde dies zu einer allzustarken „Provinzialisierung der Curriculumentwicklung" führen, welche die Lehrer in unerträglicher Weise belasten würde (jedenfalls nach den Warnungen der Gutachter) (181).

Curriculumentwicklung auf der Unterrichtsebene ist demnach eine Einrichtung auf Zeit, solange noch keine funktionsfähige Verbindung zu zentralen Instituten besteht. Bedauerlich allerdings ist, daß die Praktiken bei der Lehrplanentwicklung nicht über ihren unmittelbaren Zweck hinaus als Modelle der Curriculumentwicklung dargestellt werden. Gerade in dieser Perspektive hätten sie paradigmatischen Charakter für den Dialog von Experten und Praktikern, der in nahezu allen Entwürfen vorgesehen ist.

Da das weitere Material keine konkreten Aussagen über die Prozedur enthält, müssen wir nun versuchen, zumindest die hierarchische Struktur der Entwicklungs- und Entscheidungsprozesse herauszuarbeiten, um die Funktion des Lehrers identifizieren zu können.

Nach dem Strukturplan vollzieht sich die Curriculumentwicklung auf drei Ebenen:

Auf einer pragmatischen Ebene legen Schulfachleute Lernziele hypothetisch fest, entwerfen Lernprogramme und erproben Curricula. Es sind also ähnliche Aktivitäten, wie sie uns in dem Gesamtschulgutachten begegneten. Auf der zweiten Ebene ist die praxisbegleitende Forschung angesiedelt. Versuche müssen initiiert, Erfahrungen gesammelt, ausgewertet, koordiniert und die Ergebnisse an die Praxis zurückgemeldet werden. Dadurch entsteht ein Informationszirkel zwischen der ersten und der zweiten Ebene. Schließlich aber bedürfen diese beiden Ebenen noch einer wichtigen Ergänzung: „Wissenschaftliche Prinzipien und Methoden werden die Entwicklungsarbeit bestimmen. Dieses Konzept gilt für die langfristigen Vorhaben der Curriculumentwicklung und -erprobung, die nicht unmittelbar offenkundige Mängel beheben werden, sondern tiefgreifende Innovationen einleiten" (182).

Obgleich im Strukturplan den Instanzen der Unterrichtsebene eine wichtige Funktion zuerkannt wird, darf doch nicht übersehen werden, daß damit in Wahrheit eine Versuchs- oder Laborpraxis gemeint ist, welche der Regelschulpraxis vorgeschaltet ist und ihr in sehr differenzierter und detaillierter Weise zuarbeiten soll. Aus der Perspektive der Lehrer aber bedeutet dies eine Aufteilung der Kompetenz der praktischen Pädagogik auf zwei Ebenen: die engagierten, besser qualifizierten Lehrer leisten die produktive Entwicklungsarbeit, die übrigen (und das ist die große Mehrheit) reproduzieren als pädagogisches Hilfspersonal den fertig vorgestanzten Unterricht in der Regelschulpraxis. Zwar soll die Feinzielplanung vom Lehrer geleistet werden, doch ist in diesen Aktivitäten keine grundsätzliche Entscheidung über mögliche Lernziele mehr enthalten. Initiativen gehen in der Regel von der versuchsbegleitenden Forschung aus. Dort werden auch die allgemeinen Zielvorstellungen formuliert und mit politischen Instanzen abgestimmt. Damit ist die Entwicklungs- und Erprobungsarbeit in einen Prozeß eingeordnet, der letztlich von oben her organisiert wird.

Wie allerdings die nicht an der Erprobung beteiligten Lehrer der Regelschulen mit den vorgegebenen Curricula zurechtkommen, bleibt ungewiß. In jedem Falle ist zu vermuten, daß bei auftretenden Schwierigkeiten Lösungen angestrebt werden, welche die Lehrerqualifikation auf die Intentionen der Forschung hin ausrichten.

Ebenen der Curriculumforschung und -entwicklung

	Institution	Aufgaben	Instanzen
Ebene der Grundlagenforschung	Zentralstelle Bildungsrat Universitätsinstitute Bund-Länder-kommission	Dialog von Wissenschaft und Politik inhaltlich langfristige Planung	Wissenschaftler Politiker Experten
Ebene der versuchsbegleitenden Forschung	Forschungsinstitute	Initiierung konkreter Projekte Auswertung der Schulversuche	Wissenschaftler
Ebene konkreter Entwicklungs- und Erprobungsarbeit	Versuchsschulen	Entwicklung von Curricula Erprobung d. Curricula Revision	Wissenschaftler Versuchsschul-Lehrer Experten
Ebene der Regelschulpraxis	Regelschule	Dissemination nicht geklärt	Lehrer

6.3 Zentralisierung und Dezentralisierung der Entscheidungen

Auch in dieser Frage lassen sich Unstimmigkeiten zwischen den Empfehlungen und den Berichten feststellen. Während beispielsweise der Strukturplan keinen eindeutigen Standpunkt bezieht und sowohl die „Nachfolge landesherrlicher Erlasse" als auch die alleinige Zuständigkeit „einiger Curriculum-Technokraten" ablehnt und stattdessen ein „nach institutionellen Regeln verlaufendes Zusammenspiel von politischen, theoretischen und praktischen Kompetenzen" vorschlägt (183), werden Zentralisierungstendenzen im Bildungsbericht der Bundesregierung bereits sichtbar:

„Der Strukturreform entsprechend sind Lehr- und Lernpläne (Curricula) sowie Tests zu entwickeln und Schulversuche wissenschaftlich zu begleiten. Hierfür muß die Bildungs- und Curriculumforschung in der Bundesrepublik systematisch aufgebaut, gefördert und koordiniert werden" (184).

Deutlicher zeichnet sich eine Zentralisierungstendenz im Zwischenbericht der Bund-Länder-Kommission für Bildungsplanung ab, weshalb die Zielvorstellungen dieses Gremiums zunächst in einem ausführlichen Zitat vorgestellt werden müssen:

„Verstärkung und Koordinierung der Curriculumforschung, Bestimmung von Lernzielen, Entwicklung und Erprobung von Curricula unter folgenden Gesichtspunkten:

- gemeinsamen Bezugsrahmen für verbindliche und wählbare Lernangebote
- verbindliche Lernangebote für die Vermittlung einer gemeinsamen Grundbildung, auch zur Gewährleistung eines freien Übergangs zwischen den verschiedenen Bildungsgängen
- wählbare Lernangebote im Hinblick auf die unterschiedlichen Lernfähigkeiten und Lerninteressen der Schüler
- Zulassung von alternativen Curricula
- Wahrung einer angemessenen Freiheit des Lehrers für die Unterrichtsgestaltung" (185).

Die Zielvorstellungen werden sodann noch zu Maßnahmen konkretisiert.

Dieses Aktionsprogramm läßt an Deutlichkeit nichts mehr zu wünschen übrig. Es umfaßt folgende Punkte:

1. Ausbau bestehender und Gründung neuer Einrichtungen der Curriculumforschung und -Entwicklung
2. Förderung der Forschung zu Problemen des Lernzielgefüges, der Lernmethoden, insbesondere der Differenzierung, der Unterrichtsstrategien, der Evaluation, sowie der Einführung neuer Curricula.
3. Einrichtung einer Zentralstelle zur Förderung und Dokumentation der Curriculumforschung und -Entwicklung
4. Ausschreibung von Programmen für die Entwicklung von Curricula durch die Zentralstelle.

5. Erprobung und wissenschaftliche Auswertung neuer Curricula einschließlich entsprechender Lehr- und Lernmittel.
6. Entwicklung von Verfahrenstechniken für die Einführung neuer Curricula.
7. Bildung von überregionalen Lehrplankommissionen für jede Fächergruppe.
8. Verbesserung der Verfahren zur politischen und wissenschaftlichen Legimitation von Entscheidungen über Lernziele (186).

Außerhalb der gerade aktuellen bildungspolitischen Tagesthemen zeigen die Bemühungen um entsprechende Kompetenzen einen grundsätzlicheren Konflikt zwischen wissenschaftlichen Sachentscheidungen und politischen Normenentscheidungen. Das Fehlen eines pragmatischen Kommunikationsmodells ist offenkundig. Gerade das aber ist notwendig, ja, die Curriculumforschung bietet sogar eine gute Chance, ein solches zu entwickeln, wie RASCHERT betont: „Die Probleme der Curriculumentwicklung und -entscheidung sind als Exempel für ein solches Modell deshalb besonders geeignet, weil es sich bei ihnen um wissenschaftliche Aufklärungs- und politische Entscheidungsprozesse handelt, die das Verständnis der Gesellschaft über ihre zentralen Normen und künftigen Lebensformen betreffen und die ohne die Beteiligung der Betroffenen bei der Entscheidung und ohne ihre Identifikation mit den Zielen politisch gar nicht realisiert werden können" (187).

Ein solcher Dialog steht augenblicklich unter einer doppelten Belastung: Angesichts der Programmatik der Bund-Länder-Kommission besteht deutlich die Gefahr, daß die Einflußsphäre reiner Verwaltungsausschüsse wächst und die wissenschaftliche Forschung in unangemessener Weise determiniert.

Besonders wesentlich erscheint uns indessen ein anderer Punkt: Die These des Zitats, daß die Ziele nur dann eingelöst werden können, wenn die Betroffenen sich damit identifizieren können, läßt ein Modell, das sich mit einem Dialog von Wissenschaft und Politik begnügt, als verkürzt, wenn nicht als verfehlt erscheinen. Es geht nämlich nicht nur um wissenschaftliche Aufklärungs- und politische Entscheidungsprozesse, sondern die Ergebnisse der Entscheidungen bedürfen *praktischer Handlungen*, sollen sie als Lernresultate erscheinen.

RASCHERTs Kritik bedeutete schließlich zumindest für Vertreter der Wissenschaft innerhalb des Bildungsrates einen Wendepunkt. Sie sahen, daß die augenblickliche Organisations- und Verwaltungsstruktur des Bildungswesens für die praktische Einlösung von Reformvorhaben hinderlich sei. Curriculumreformen müßten eine Revision von Organisation und Verwaltung einschließen. Sie schlugen in diesem Zusammenhang zunächst eine verstärkte Selbständigkeit der Schule und Partizipation der Lehrer, Schüler und Eltern vor (188). Hier bahnt sich indessen ein neuer Konflikt zwischen wissenschaftlichen und politischen Instanzen an; denn zumindest konservative politische Kräfte sind nicht bereits, eine solche Reform zu unterstützen. So hat sich jüngst ein

Kultusminister sehr entschieden gegen diese Empfehlung ausgesprochen. In seinen Argumenten wurde die Befürchtung deutlich, Zuständigkeit und Einfluß des Staates würden durch derartige Vorschläge gemindert und eine Politisierung der Schule gefördert, an deren Ende die Agitation radikaler Kräfte stehe (189).

6.4 Curriculumentwicklung und Lehrerausbildung

Analysiert man die bildungspolitische Diskussion um die Lehrerbildung, so sind dabei folgende Aspekte zu beachten:

1. muß die Darstellung der Aufgaben von Lehrern analysiert werden und in diesem Zusammenhang ggf. das Entstehen neuer, bzw. die Differenzierung bisheriger Funktionen herausgestellt werden;
2. sind die allgemeinen und speziellen Ausbildungsgänge zu identifizieren, und es ist zu fragen, ob sie angemessen auf die zu bewältigenden Aufgaben vorbereiten;
3. sind die Voraussetzungen zu klären, die sich im Zusammenhang mit der Einführung von Curricula ergeben.

Von einer Differenzierung der Lehrerrolle wird erstmalig in den Empfehlungen der Bildungskommission (Einrichtung von Schulversuchen mit Gesamtschulen) gesprochen:

„Die Gesamtschule verlangt mehr als andere Schulformen von den Lehrern die Fähigkeit zur flexiblen und langfristigen Unterrichtsplanung anstelle der kurzfristigen Vorbereitung von Lektionen.

In Gesamtschulen fällt dem Lehrer stärker als im bisherigen Schulsystem die Rolle eines Experten zu, die er jedoch nur im ständigen Kontakt mit seinen Kollegen auszufüllen vermag.

Die Gesamtschule verlangt einen Lehrer, der eine Spezialtätigkeit im Rahmen der pädagogischen Entwicklungsarbeit ausüben kann. Er muß beispielsweise Spezialist für Curriculumentwicklung in einem Fach, Test-Experte oder Sachkenner für die psychologische Beratung sein können" (190).

Von der speziellen Situation der Gesamtschulen einmal abgesehen, wird hier ein grundsätzliches Problem sichtbar: Die Bewältigung des Unterrichts in Planung und Vollzug ist komplexer geworden. Sie kann folglich nicht mehr allein dem Lehrer zugemutet werden. In der Tendenz ist darin allerdings auch die Forderung enthalten, daß es künftig neben der Differenzierung der Lehrer nach Fächern und Schulstufen eine weitere geben soll: Fachleute für die langfristige Planung des Unterichts. Dennoch kennzeichnet es die Funktion einer solchen Entwicklungsarbeit wesentlich, daß sie nicht gänzlich vom Lehrer losgelöst werden soll. Vielmehr bleibt der unterrichtende Lehrer die zentrale Figur: er läßt sich lediglich bei der Planung des Unterrichts von Experten beraten. Die Hervorhebung einer neuen, besonderen Aufgabe für alle Lehrer wäre sonst wohl nicht nötig: *Innovationen* sind zu einem besonderen Aspekt seines Berufes geworden. Der Lehrer hat teil an der Entwicklung neuer Bildungsinhalte und an der Bestimmung von Bildungszielen. Mit dieser Aufgabenstellung wird er zum ersten und wichtigsten Träger fortschreitender Schul- und Bildungsreform" (191).

Veränderungen dieser Art aber können nur dann einen Wandel der Praxis bewirken, wenn entsprechende Vorausetzungen in der Lehrerausbildung institutionalisiert sind. Die Ernsthaftigkeit derartiger Absichten zeigt sich demnach vor allem in den Vorschlägen, die zu Lehrerausbildungsfragen gemacht werden. Es ist deshalb zu fragen, ob die Lehrerausbildung die Aufmerksamkeit und Bedeutung genießt, die ihr auf Grund künftiger Anforderungen an den Lehrer zukommen.

Der Strukturplan mißt der Lehrerausbildung eine zentrale Bedeutung bei: „Die Reform des Bildungswesens kann nur dann gelingen, wenn der Nachwuchs an Lehrern ausreichend groß ist und wenn deren Ausbildung die Gewähr dafür bietet, daß sie den veränderten Anforderungen gerecht zu werden vermögen. Die Lehrerausbildung ist also das Schlüsselproblem der Bildungsreform" (192).

Der verbalen Aufwertung dieser Frage stehen allerdings recht vage und allgemein gehaltene Vorschläge zu den Ausbildungsprogrammen selbst gegenüber. Wie die Fähigkeit des Innovierens gelernt werden kann, bleibt dabei vollends unberücksichtigt. Wenn der Lehrer zur Curriculumentwicklung, zu Entscheidungen über Lernziele befähigt werden soll, so müßte diese Frage in den allgemeinen Ausbildungsgängen thematisiert werden. Stattdessen wird in den politischen Vorstellungen zu Ausbildungsfragen deutlich, daß die zentrale Funktion der Innovation weitgehend Experten übertragen wird; denn Entwicklungsfragen sollen in Spezialausbildungsgängen gelernt werden.

„Innerhalb der fachdidaktischen und erziehungswissenschaftlichen Ausbildung können besondere Qualifikationen erworben werden, die unter bestimmten Voraussetzungen auch anstelle einer fachwissenschaftlichen Qualifikation in einem Schulfach gewertet werden können. Dies gilt besonders für Aufgaben wie: Arbeit mit Unterrichtsprogrammen; Testmethoden; Bildungsberatung; Curriculumentwicklung" (193).

Eine in dieser Weise organisierte Ausbildung scheint weder für den Lehrer noch für die verschiedenen Experten sinnvoll zu sein. Denn die Fähigkeit, Curricula zu entwickeln, ist hier aus den allgemeinen Ausbildungsgängen ausgeklammert, was doch nur unter der Annahme geschehen kann, daß solche Aktivitäten ohnehin von Experten ausgeführt werden sollen. Andererseits müssen eben diese Experten zu Fachleuten ohne fachliche Substanz werden, wenn sie keine fachwissenschaftlichen Studiengänge mehr brauchen.

In einem solchen Ausbildungskonzept ist indessen die innovative Funktion für alle Lehrer bereits wieder aufgegeben, zugunsten einer mit streng getrennten Kompetenzen arbeitenden Spezialisierung.

Soll hingegen in der Praxis künftig eine Kommunikation zwischen Lehrern und Experten funktionsfähig sein, so bedarf es wohl in der Ausbildung weitgehend gleicher Studiengänge. Erst relativ spät sollten diese dann entsprechend dem Schwerpunkt der praktischen Aktivitäten durch spezielle Lehrgänge ergänzt werden. Die Unsicherheit in diesem Bereich signalisiert in grundlegender Weise, daß letztlich die Frage noch nicht befriedigend geklärt ist, wie ein Lehrer geschaffen werden kann, der in der Lage ist, die umwälzenden didaktischen Neuerungen in seiner unterrichtlichen Arbeit zu realisieren. Sollte diese Frage allerdings nicht zufriedenstellend gelöst werden, so erhalten Konzepte erneuten Auftrieb, die eine Reform ohne Lehrer versuchen. Ohnehin tritt in diesbezüglichen Bemerkungen immer klarer hervor, daß die Reformvorschläge die Freiheit des Lehrers kosten werden:

„In den Curricula sollen die Lernziele definiert und die Lernschritte, mit denen sie zu erreichen sind, beschrieben werden. Dies birgt bei den traditionellen Erlaßverfahren für das Schulwesen aber die Gefahr, daß Lehrern und Schülern zu wenig Raum zu eigener Initiative und Gestaltung bleibt. Daraus ergibt sich folgende Fragestellung: Wie kann die Notwendigkeit der Lernzielbestimmung mit der pädagogischen Freiheit des Lehrers in geeigneter Weise kombiniert werden" (194)?

6.5 Bildungspolitische Curriculumdiskussion in ihrer Konsequenz für den Lehrer (Resümee)

Die Diskussion der Bildungskommissionen und Bildungsplaner hat zwar Programmcharakter, ist aber noch nicht hinreichend konkretisiert. Vor allem vermißt man angemessene Modelle der Kommunikation zwischen den Beteiligten. Aus diesem Grunde ist auch nicht verwunderlich, wenn die Aussagen zur Lehrerrolle noch widersprüchlich sind, ja zum Teil der Lehrer überhaupt noch nicht gebührend berücksichtigt ist.

Vier Aspekte sind deshalb noch problematisch:

1. Zwar orientiert sich der Curriculumbegriff stärker als in erziehungswissenschaftlichen Diskussionen an den Bedingungen der Praxis, d.h. Curriculuminhalte können erst unter Berücksichtigung der Interessen und Wünsche der Individuen, für die sie gedacht sind, ausgemacht und festgelegt werden. Demzufolge wollen und können solchermaßen definierte Curricula gar nicht als globale Steuerungsinstrumente fungieren. Aber die Konsequenzen die aus einem derartigen begrifflichen Konsens erwachsen, müßten sowohl im Bereich der Entwicklungspraxis von Curricula wie in der Lehrerbildung sichtbar werden. Das ist jedoch nicht der Fall. Vielmehr wird die Entwicklung von Curricula auf der Unterrichtsebene nur einer Versuchspraxis zugestanden, und die Fähigkeiten zur Entwicklung von Curricula soll an Experten delegiert werden, die in eigens institutionalisierten Ausbildungsgängen entsprechende Qualifikationen erwerben sollen. Sowohl der Unterschied von Versuchsschulpraxis und Regelschulpraxis als auch die Herausbildung neuer Experten im Schulbereich soll in den folgenden Punkten noch näher untersucht werden.
2. Im Konzept der Lehrerausbildung zeigt sich die Tendenz einer (weiteren) Spezialisierung des Lehrerberufs. Zwar wird Innovieren als neue Aufgabe des Lehrers gesehen, in den Vorschlägen zur Lehrerausbildung wird diese Aufgabe dann aber wieder Experten,

welche entsprechende Fähigkeiten in eigens für sie veranstalteten Ausbildungsgängen erwerben sollen, überantwortet. Der Anspruch, der Lehrer müsse zur Innovation fähig sein, wird demnach im Konzept der Lehrerausbildung nicht durchgehalten. Die Übertragung innovativer Akte an Experten hat indes noch weiterreichende Konsequenzen: Da sich Innovation als praktikabel erweisen muß, geht die konkrete Unterrichtsplanung ebenfalls in die Kompetenz der Experten über. Dem in der Regelschulpraxis tätigen Lehrer bleibt in dieser Perspektive nur noch der Nachvollzug vorgefertigter Entwürfe. Hier allerdings muß das beondere Verhältnis von Versuchsschulpraxis, an der ja auch Lehrer tätig sind, und Regelschulpraxis noch eigens dargestellt werden.

3. Die Tatsache, daß die Innovation unterrichtspraktisch erprobt werden muß, gäbe dem Lehrer eigentlich die Chance, an ihr teilzuhaben, mehr noch, sie erst zu ermöglichen. Allein: Curriculumforscher und Bildungspolitiker sind sich - wahrscheinlich aus unterschiedlichen Motiven - darin einig, daß eine Praxis im experimentellen Stadium eine vom Regelschulkontext verselbständigte Laborpraxis sein muß. Darin wird allerdings eine Tendenz sichtbar, die eingangs als eine Zweiteilung der pädagogisch-praktischen Kompetenz bezeichnet wurde: Höher und besser qualifizierte Lehrer nehmen an der Innovation teil und leisten die experimentelle Phase der Entwicklungsarbeit, während die große Mehrheit der Lehrer zum Nachvollzug aufgefordert wird, nachdem sich die Praktikabilität der neuen Inhalte herausgestellt hat.
4. Dennoch sind diese Tendenzen heute noch verdeckt. Im Vordergrund steht der Konflikt zwischen den Wissenschaften und der Politik. Es geht um die Frage der Zentralisierung bzw. Teildelegierung von Kompetenzen der Entscheidung über Curriculuminhalte. Widersprüchlich ist freilich auch das Verhalten der Wissenschaften, denn sie waren es, die Organisationsformen und Instrumente schufen, welche es den Politikern erlaubte, die Prozesse global zu steuern, während sie jetzt durch eine Proklamation offener Curricula einer bürokratischen Steuerung entgegentreten möchten (195). In dem konfliktträchtigen Dialog aber wird eine Verkürzung der Problematik selbst sichtbar; denn der seiner Verantwortung für Innovation weitgehend beraubte Lehrer ist als Teilnehmer an diesem Dialog noch gar nicht vorgeschlagen. Da aber noch nicht ausgewiesen ist, daß sich jener mit dem ‚oben' festgelegten Entscheidungen identifizieren wird, ist die Einlösung der Vorhaben noch sehr fraglich. Dieses bislang lediglich verfahrenstechnisch aufgefaßte, aber in seinen normativen Implikaten noch nicht erkannte Problem der Dissemination ist noch nicht einmal entfaltet, geschweige denn gelöst.

7 Gesamtwürdigung der Curriculumdiskussion

Die Gesamtwürdigung soll unter den Aspekten erfolgen, die bei der Entwicklung der Fragestellung erarbeitet wurden. Was dort nämlich nur hypothetisch angenommen werden konnte, ist durch die Analyse offenkundig geworden:

Die Rolle der Wissenschaft bei der Entwicklung von Curricula ist nur von der gesellschaftspolitischen Motivation der Curriculumforschung her aufzuklären. Die Konsequenzen, die sich daraus für den Lehrer ergeben, spielen in der Diskussion selbst nur eine marginale Rolle und stellen sich als „Folgeprobleme" (196) aus der veränderten Situation. Sie werden in der Dissemationsproblematik zusammengefaßt.

7.1 Die Motivation der Curriculumforschung und die bildungspolitische Dimension curricularer Entscheidungen

Mehr als alle anderen in der Erziehungswissenschaft diskutierten Probleme haben die im Zusammenhang mit der Curriculumforschung aufgeworfenen Fragen ihre politischen Implikationen offenbart. Bis zu diesem Zeitpunkt war nämlich die Zieldiskussion in der Pädagogik sehr abstrakt geführt worden. Erst die Lernzieldiskussion der Curriculumforschung bezieht sich auf konkrete Bildungseinrichtungen, die Schulen eines Landes. Doch für diese bestanden auch vorher bereits Programme, die meist von Akteuren der Schulpraxis erstellt waren und vom Staat erlassen wurden. Die Curriculumbeiträge selbst versuchen, die Notwendigkeit einer Änderung der Instanzen zu begründen, und argumentieren etwa folgendermaßen:

Die sozio-ökonomische Entwicklung hat heute einen Stand erreicht, der es notwendig macht, die in den Bildungseinrichtungen zu produzierenden Qualifikationen systematisch zu planen und zu kontrollieren. Diese Herausforderung geht deshalb an die Adresse der Wissenschaften, weil sie es sind, welche die Komplexität der gegenwärtigen Lebenspraxis im wesentlichen verursacht haben und weil sie außerdem die systematischen Instrumente zu einer Bewältigung auch der Bildungsprobleme entwickeln können.

Sie sind indessen nicht zu einer blinden Affirmation gesellschaftlicher Postulate bereit, sondern versuchen zwischen den Erfordernissen der Gesellschaft und den Bedürfnissen des Individuums zu vermitteln, indem sie die in der Bildungsökonomie geforderten Anpassungforderungen in emanzipatorischer Absicht erweitern und damit über deren Qualifikationsansprüche hinauszukommen suchen, diesen also weitere von individuellen Bedürfnissen her geforderte Ziele zur Seite stellen.

Ganz deutlich wird dies in dem Bildungsbegriff, der im Zusammenhang mit der Curriculumdiskussion von der Pädagogik neu hervorgebracht wurde:

„Dabei geht es selbstverständlich nicht um die bloße Erfüllung von sog. Bedürfnissen der Gesellschaft, sondern darum, die gesellschaftliche Existenz zugleich zu ermöglichen und sie zu kritisieren und zu verändern: sie also in ‚Freiheit' zu bestehen" (197).

Darin wird deutlich, daß die Curriculumtheorie nicht nur ,von außen' oder sozusagen zusätzlich auch politische Motive mit aufnimmt. Vielmehr sind ihre eigenen tragenden Begriffe politischer Natur. Damit aber gerät die Pädagogik nun in Zugzwang: Die gesellschaftliche Herausforderung bezog sich nämlich nur zum Teil darauf, den Zusammenhang von sozio-ökonomischen und sozio-kulturellen Bedürfnissen und institutionalisierter Erziehung auf den Begriff zu bringen, sie war vor allem auf die Organisation derartiger Einsichten in einer konkreten Praxis gerichtet.

An diesem Punkt spitzt sich die Entwicklung auf ein besonderes Problem zu: Zum erstenmal treten Wissenschaften als Instanzen der Planung des Unterrichts auf. Sie stellen damit jenes globalsteuernde Instrument dar, das die Bildungsökonomie forderte.

Hier ist indes die Ausgangshypothese wieder aufzunehmen: Die didaktischen Theorien der präcurricularen Aera hatten nur eine begrenzte Reichweite und waren komplementär zu den Aktivitäten des Lehrers angelegt, d.h. dieser mußte sie in die Praxis verlängern. In der Curriculumforschung hingegen sind es die Wissenschaften selbst, die ihre Theorie in der Praxis einlösen wollen. Dieser Gedanke muß im folgenden inhaltlich nur präziser gefaßt werden.

7.2 Die Wissenschaften als Entwicklungs-, Planungs- und Erprobungsinstanzen

In der Curriculumforschung zeichnet sich ein Empirieverständnis von besonderer Art ab. Empirische Forschung richtet ihre Aufmerksamkeit gerade nicht auf die exakte Analyse der Schulwirklichkeit, wie sie noch in den sechziger Jahren als die realistische Wende in der Erziehungswissenschaft beschrieben wurde (198), sondern auf die Praktikabilität neuer Inhalte im systematischen Experiment. Es genügt nicht mehr, Inhalte lediglich theoretisch zu legitimieren, um sie schließlich Praktikern zu überlassen, die sie mit ihrer rudimentären Erfahrung erst allmählich einlösen können. Diese nach handwerklichen Regeln organisierte Praxis bedarf erst vieler Einzelerfahrungen, um neue Inhalte möglichst effektiv zu übermitteln. Deshalb ist eine systematische Anordnung notwendig, die ohne Umwege die Bedingungen der Einlösung erforschen kann.

Solche Ansprüche sind in den theoretischen Ansätzen ROBINSOHNs und BLANKERTZ' zu finden. HENTIGs Forschungsprojekt verfolgt die Absicht, spezifisch didaktischen Interessen angemessene Planungsinstrumente zu entwickeln. Aus der Bielefelder Projektanordnung wird ferner deutlich, daß die Unterrichtspraxis selbst unter die Regie der Wissenschaft gestellt werden muß, will man nur solche Inhalte zur allgemeinen Einführung vorschlagen, die tatsächlich durchführbar sind.

In der Perspektive allerdings, Unterricht experimentell zu planen und zu vollziehen, in der sich spezifisch didaktische „innovative Empirie" (199) manifestiert, ist der Gegenstand wissenschaftlicher Reflexion weder bloß der Unterrichtsinhalt noch dessen formale Struktur (wie bei KLAFKI, HEIMANN und SCHULZ!), sondern der Unterricht in seiner Planungs- und Handlungsdimension. Damit allerdings befinden sich Unterrichtsvollzüge an einer historischen bedeutsamen Schwelle: Eine zeitgemäße Bewältigung bedarf wissenschaftlicher Mittel, gegenüber handwerklichen auf persönlichen Erfahrungswerten basierenden Regeln. Auf diese Weise hat aber die Herausforderung der Gesellschaft an die Wissenschaften die Unterrichtsebene selbst erfaßt.

Darin wird indes ein überraschendes Ergebnis der Curriculumforschung selbst sichtbar: Sie war angetreten, Unterrichtsinhalte wissenschaftlich-rational zu rechtfertigen. Und sie hat sich zu einer empirischen Didaktik entwickelt, die den Unterricht als Ganzen in den Griff bekommen möchte.

Allein: Wissenschaften sind zwar in der Lage, solche Aktivitäten selbst durchzuführen, jedoch nur in der Laborsituation. Das action-research-projekt von Bielefeld macht zudem deutlich, daß zur Realisierung solcher Vorhaben die Wissenschaft (wenigstens vorerst) noch auf die verfügbare praktische Kompetenz zurückgreifen muß. Sie benötigt also qualifizierte Lehrer, die an der Planung der Wissenschaftler teilhaben und in der Lage sind, Unterricht, den sie selbst halten, zu kontrollieren, um die Ergebnisse rückzumelden.

Die hier offenbar eingelöste Forderung ROBINSOHNs nach einer Beteiligung des Lehrers an der Entwicklung der Curricula trügt jedoch: Diese Lehrer sind im Sinne der Intentionen des Projekts eher als Innovationsforscher zu bezeichnen. Der Kreislauf zwischen Theorie und Praxis ist nur scheinbar geschlossen. In Wahrheit handelt es sich um eine von der Schulwirklichkeit verselbständigte Laborpraxis.

So gelang der Curriculumforschung also bisher nicht die Integration des Lehrers in die Forschung, wohl aber die Kreierung eines neuen Lehrertyps: des Laborlehrers.

Dennoch ist nicht klar - und wir können es nur als Tendenz vermuten, - ob den Lehrerberuf nicht doch das Schicksal des Apothekers ereilt. Die Parallelität wird allerdings durch einen besonderen Umstand genährt: „Didaktische Laborarbeit" zeigt nämlich die Tendenz, nicht nur Curricula zu evaluieren, sondern Unterricht zu produzieren, der dann nur mehr an die Lehrer weitergegeben werden muß. Dadurch aber werden diese allmählich zu bloßen Reproduzenten eines bereits erprobten Geschehens.

Gerade in diesem Ergebnis wird ein wesentliches Folgeproblem der Curriculumforschung sichtbar: Die Didaktik hat ihre Rolle als Qualifikationsinstanz der Akteure der Praxis verlassen, und sich selbst als Planungsinstanz etabliert. So muß sie zwangsläufig ein antinomisches Verhältnis zwischen sich und dem Lehrer schaffen, welcher bisher als der alleinige Produzent von Unterricht fungierte.

Dennoch: man mag eingestehen, daß die Bewältigung des Unterrichts künftig wissenschaftlicher Instrumente bedarf. Damit ist jedoch noch nicht notwendigerweise eine teilweise Substitution von Lehrerfunktionen verbunden. Vielmehr hat man ein Problem, das primär ein Qualifikationsproblem ist, zu lösen versucht, d.h. man wollte den Lehrer, der bestimmte Probleme mit seinen augenblicklichen

Qualifikationen zu lösen außerstande war, nicht besser und anders qualifizieren, sondern ihn kurzerhand durch neue und kompetentere Instanzen ersetzt. Erst in der Folge allerdings wurde man sich dieses Dilemmas bewußt: der Lehrer hat zwar keine spezifische Rolle in der Curriculumentwicklung mehr, dennoch braucht man ihn, weil nämlich die in Institutionen geplanten und erprobten Unterrichtsentwürfe der Reproduktion in der Regelschulpraxis bedürfen.

So ist letztlich auch diese erweiterte Funktion der Wissenschaften auf eine Komplementärfunktion in der Praxis angewiesen, nur sind die Grenzen anders gezogen: War es einst Aufgabe der Wissenschaft, den Lehrer inhaltlich und durch formale Strukturierung seines Aktionsfeldes zu qualifizieren, ihn in die Lage zu versetzen, seinen Unterricht zu produzieren, so ist die Aufgabenverteilung jetzt die zwischen Produktion und Reproduktion. Diese Aufteilung schuf indessen ein Problem: Fertigprodukte müssen für den Lehrer reproduzierbar sein und/oder der Lehrer muß Qualifikationen erwerben, die ihm eine Reproduktion gestatten. In der Curriculumdiskussion ist dieses Problem unter dem Begriff der Dissemination erfaßt.

7.3 Zur Frage der Dissemination von Curricula

Bei der Dissemination geht es darum, eine möglichst optimale Verbindung zwischen produktiver Planung und Erprobung des Unterrichts und seiner Realisierung in den Regelschulen herzustellen.

In mehreren Ansätzen findet sich daher die These, daß die wissenschaftliche Entwicklungsarbeit nur dann eine Chance der Realisierung habe, wenn sie die Bedingungen der Praxis berücksichtige. Die ersten Versuche muten heute etwas naiv an: Ausgehend von der Annahme, daß der Lehrer nur das realisieren könne, was er auch mitentwickelt habe, forderte man die Beteiligung des Lehrers an allen Entwicklungsprozessen. Man mußte aber gleichzeitig eingestehen, daß an dieser Entwicklungsarbeit nur sehr wenige Lehrer teilnehmen könnten. Nun nützt es allerdings einem Lehrer aus Passau wenig, wenn er weiß, daß an dem von ihm verwirklichenden Curriculum ein Münchner Kollege mitgearbeitet hat. Die Einheit von Planung und Durchführung konnte also nur partiell, besser: symbolisch zurückgeholt werden.

Mit dem Vorschlag, die Curriculumentwicklung an die Lehrer-Ausbildungsstätten zu verlegen, geht MENCK einen Schritt weiter. Hier wird nämlich zum ersten Mal der Gedanke eingebracht, daß der Lehrer für die Entwicklungsarbeit auch qualifiziert werden muß. Dennoch bleibt MENCK offensichtlich auf halbem Wege stehen; denn gesetzt den Fall, der Lehrer hätte in intensiven Ausbildungsgängen Qualifikationen erworben, die ihn dazu befähigen, Curricula in der Praxis zu entwickeln, so wären diese Qualifikationen doch nur sinnvoll, wenn dort tatsächliche entsprechende Aktivitäten für ihn vorgesehen wären. Da er aber, der Logik der Curriculumforschung folgend, Curricula lediglich zu realisieren hat, kann die Schaffung dieser Qualifikation nur so verstanden werden, daß damit die Realisierung bereits entwickelter Curricula erleichtert wird. Auch Hartmut von HENTIG hat die Einheit von Reflexion und Engagement nur innerhalb seines Forschungsprojektes selbst gelöst. Dort sind die Akteure der Unterrichtsvollzüge gleichzeitig Instanzen der Planung und haben im Planungsprozeß eine spezifische Funktion. Da aber nicht das Planungsmodell selbst, sondern lediglich die Ergebnisse dieses Projektes auf die Praxis übertragen werden sollen, ist das Disseminationsproblem eigentlich nicht gelöst. Bei FLECHSIG spielen diese Fragen eine untergeordnete Rolle. Das liegt daran, daß er sich einem speziellen Problem innerhalb der Curriculumforschung widmet, den Fragen der Entscheidung.

In der bildungspolitischen Diskussion deutet sich erst schüchtern die Zentralisierung von Planungsprozessen an. Die Entwicklung von Modellen der Verteilung des so geplanten Unterrichts steht noch im Hintergrund. Indessen scheint das umgelöste Disseminationsproblem mit dem Rollenwechsel der didaktischen Wissenschaft im Innovationsprozeß selbst zusammenzuhängen. Denn den Übergang von der Qualifikationsinstanz zur Planungsinstanz hat sich die didaktische Wissenschaft mit zwei nicht hinterfragten theoretischen Annahmen erschlichen:

Erstens wird unterstellt (ohne dafür zureichende Gründe offenzulegen), die bisherigen Akteure wären dazu prinzipiell nicht in der Lage, und zweitens glaubt die didaktische Wissenschaft, daß sie als Wissenschaft zureichende Möglichkeiten besitzt, Unterricht bewältigen zu können. Wir bezweifeln, ob diese Annahme richtig ist. Ausgehend von deren Widerlegung wollen wir nun einen eigenen Ansatz zur Lösung des Problems versuchen.

Teil III
Lösungsansatz

1 Grundlagenerörterung

Verfolgen wir zunächst einmal die organisatorischen Intentionen der Curriculumforschung weiter:

Fertige Curricula, die in zentralen Instituten erstellt wurden, müssen an die Lehrer weitergegeben werden. Hierfür ergeben sich mehrere Möglichkeiten:

Entweder die Curricula sind so gestaltet, daß ihre unterrichtspraktische Reproduktion keiner weiteren Einweisung bedarf (also sog. teacher proof curricula); d.h., sie sind letztlich an der gegenwärtigen Kompetenz der Lehrer ausgerichtet. Oder es entsteht die Notwendigkeit, die Lehrer zum rechten Gebrauch dieser Curricula anzuleiten. Das würde bedeuten, daß zu den Curricula immer auch Lehrerfortbildungsprogramme entworfen werden müssen. Da in der Diskussion eine permanente Revision gefordert wird, wäre demzufolge auch die Lehrerfortbildung eine stete Einrichtung, aber auch ein Fortschreiten der etablierten Ausbildung wäre kaum denkbar; vielmehr müßte jedes Curriculum auch an den Hochschulen zu ständigen Revisionen führen.

Die Notwendigkeit der Lehrerfortbildung und die Revision der Lehrerausbildung sollen indessen nicht grundsätzlich infrage gestellt werden. Hier scheinen sie jedoch nur als ein Reflex von jeweils auf den Markt gebrachten Curricula. Das bedeutet letztlich eine permanente Ausrichtung der Lehrerkompetenz an den Curricula.

Es ist nicht notwendig, den Gedankengang hier fortzuführen. Es wird nämlich ohnehin deutlich, daß ein solcher Denkansatz einen grundsätzlichen Fehler aufweist: Denn Fragen der Realisierung von Curricula erscheinen in den Entwicklungsprojekten erst als Folgeprobleme der Lehrer. Seine Qualifikation und Kompetenz des Lehrers stehen also erst zur Diskussion, wenn Curricula entwickelt und erprobt sind. Doch noch wesentlich wichtiger ist der Denkfehler, daß der Lehrer in dieser Perspektive als Objekt einer zentral gesteuerten Curriculumentwicklung betrachtet wird; die in der Curriculumforschung bereits festgestellte Vergegenständlichung von Lernprozessen, die den Schüler lediglich als manipulierbares Objekt der Planung erscheinen lassen, wird auf den Lehrer ausgedehnt, auch über ihn wird eine Verfügbarkeit im technologischen Sinne angestrebt.

Dennoch kommt eine derartige Unsicherheit hinsichtlich seiner Funktionen und Kompetenz nicht von ungefähr; denn auch die von Curriculumfragen unabhängige Diskussion um den Lehrer vermag darüber keine präzisen Angaben zu machen.

Während also im Zusammenhang mit der Curriculumdiskussion seine Funktion und Kompetenz im nachhinein erörtert werden, so reichen die Aussagen, welche sich primär mit der Lehrerrolle befassen, meist nicht bis an die unterrichtlichen Handlungen heran, sie bleiben zu abstrakt, wie der folgende skizzenhafte Exkurs nachweisen soll.

Die vom deutschen Idealismus inspirierte Pädagogik des ausgehenden 18. und 19. Jahrhunderts hatte sich damit begnügt, den Lehrer als Akteur angewandter Ethik zu betrachten, und Idealbilder von ihm entworfen. Die zwanziger Jahre unseres Jahrhunderts brachten schließlich, veranlaßt durch A. FISCHER (200), Ansätze einer empirischen Forschung, die sich erstmals seinen realen Lebens- und Arbeitsbedingungen zuwandte. Jedoch deuten sich bereits hier mehr soziologische als didaktische Aspekte an; tatsächlich hat bis in die jüngste Zeit vorwiegend die Soziologie Interesse am Lehrer gezeigt. Sie hat sich auf das erwartete und tatsächlich gezeigte Rollenverhalten, auf Fragen der Selbsteinschätzung und des sozialen Status konzentriert. Das wird vor allem bei KOB und MOLLENHAUER deutlich (201).

Aber in der Realbildforschung trat eine Schwäche zutage, die auch der angelsächsischen Lehrerforschung anhaftet: Es ist mehr über die Lehrer als Personen bekannt, als über die Eigenart ihrer Arbeit (202).

Dort, wo diese Arbeit thematisiert ist, erscheint sie nur als Variable des Lernprozesses (so etwa bei GAGE und RYANS (203)) oder das Ganze gerinnt zu einer empirischen Tatsachenforschung (so HART (204)), die nur einen gegebenen Zustand registiert. Doch derartige Vorhaben geraten sehr schnell in den Verdacht der Ideologisierung: Zur Interpretation ihrer Daten nicht veranlaßt, unterschlägt eine solche Forschung meist die Bedingungen, die ihre Ergebnisse haben so werden lassen, wie sie ihnen begegnen. Bedingungen in zweifacher Hinsicht: Einmal muß über das Substrat der Praxis hinaus die unterrichtliche Binnenstruktur als eine bestimmte historisch gewordene Abbildung gesellschaftlicher Zustände und Forderungen interpretiert werden, und zum anderen sind die Handlungen des Lehrers selbst auf die dafür notwendigen Qualifikationen und praktischen Erfahrungen hin zu befragen.

Diese Einsichten verweisen allerdings wieder auf eine theoretisch- und reflektorische Ebene, und dort wird im Zusammenhang mit der Diskussion des Professionalitätsproblems die nicht eindeutig zu beantwortende Frage gestellt:

„Soll er primär ein Spezialist (Sozialingenieur) für Informationen und als solcher wiederum auf bestimmte Materialien und bestimmte Adressaten spezialisiert sein, oder soll er primär ein Amt ausüben und - ungeachtet der Tatsache, daß er es keineswegs nur mit in Not geratenen Menschen zu tun hat - neben den Seelsorger, den Anwalt und den Arzt treten? Konstitutiv für das erste Modell ist die Technik, konstitutiv für das zweite Modell ist dagegen, wenn auch keineswegs allein, so doch in erster Linie, die Ethik" (205).

Doch das Thema ‚Lehrer' wird nicht nur unter den Folgeproblemen der Curriculumforschung und bei der Erörterung von Berufsrollen diskutiert, sondern besonders in jüngster Zeit im Zusammenhang mit seiner Ausbildung. Hier ist allerdings die Argumentation des Problems verkürzt. Denn nicht automatisch werden mit Veränderungen der Qualifikationsstruktur auch gegebene Zustände der Praxis geändert, wie diese Diskussion uns glauben machen möchte, dazu determiniert die Praxis selbst viel zu sehr die Handlungsweisen der Lehrer. Diese Problematik macht das folgende Zitat deutlich:

„Zwar resultieren die inhaltlichen Vorstellungen der Reformvorschläge für das erziehungs- und gesellschaftswissenschaftliche, ebenso für das fachwissenschaftlich- fachdidaktische Studium weitgehend aus Beobachtungen und Analysen der gegenwärtigen Funktion des Lehrers im Unterrichtsprozeß, d.h. sie versuchen durch Veränderung der Ausbildungsstruktur Änderungen der Lehrerrolle und der Funktion des Lehrers zu erzielen. Inwieweit jedoch Ausbildung ohne Reflexion der Berufsrolle emanzipatorische Prozesse ermöglicht und nicht nur auf effektivere abzielt, muß in Frage gestellt werden. Zu kurz gerät innerhalb der Reformvorschläge die Reflexion über den Arbeitsplatz des Lehrers, durch dessen Strukturen sein Bewußtsein und sein Verhalten entscheidend bestimmt, wenn nicht sogar entgegen den Intentionen der Ausbildung verändert werden. Das heißt, die Institution Schule und ihre Organisationsformen werden nicht genügend beachtet. Daraus folgt, daß eine Darstellung zur Lehrerausbildung nicht nur die Reflexion über Bedingungen und Möglichkeiten der Ausbildung, sondern auch über die ihrer Aktualisierung erfordert. Organisationsstrukturen der Institution und deren sozialpsychologische Implikationen müssen in ihrer Relevanz für das soziale Feld Schule analysiert werden" (206).

Übertragen wir diese Einsicht auf unseren Zusammenhang, so wird die Einseitigkeit beider Reformbemühungen deutlich: Die Curriculumforschung möchte das Aktionsfeld des Lehrers (teilweise durch dessen Substitution) in den Griff bekommen, ohne dabei Ausbildungsfragen systematisch zu berücksichtigen, während die Reformansätze der Lehrerausbildung versuchen, das Qualifikationsfeld des Lehrers neu zu strukturieren, ohne aber ihrerseits Veränderungen auch im Aktionsfeld herbeiführen zu wollen. So irren sowohl ROBINSOHN (207), wenn er behauptet, dem Lehrer deshalb die Teilnahme an der Curriculumentwicklung vorenthalten zu müssen, weil er entsprechende Qualifikationen und Kompetenzen nicht aufweise, als auch MENCK (208), wenn er zwar dafür eintritt, daß während der Ausbildung eine entsprechende Kompetenz geschaffen wird, dann aber nicht dafür Sorge trägt, eine solche Kompetenz in der Praxis selbst zu aktualisieren. Curriculumfragen als Probleme des Aktionsfeldes müssen daher künftig im Zusammenhang mit den didaktischen Funktionen des Lehrers generell und den notwendigen Qualifikationen zur Disposition gestellt werden. Reformfragen müssen immer auf zwei Ebenen diskutiert werden: auf der Aktions- und auf der Qualifikationsebene, denn nur eine abgestimmte Revision beider Ebenen kann einer Reform zum Durchbruch verhelfen. Freilich ergeben sich hierfür noch eine Reihe praktischer Schwierigkeiten: Abgesehen von der finanziellen und personellen Absicherung solcher Forderungen muß gefragt werden, inwieweit die Aktivitäten der Curriculumforschung und -entwicklung das Aktionsfeld des Lehrers überhaupt abdecken. Das bedeutet: Es müssen die konstitutiven Merkmale des unterrichtlichen Handelns eruiert werden. Ferner ist es notwendig, den begrifflichen Zusammenhang von Handlung, Qualifikation, Kompetenz und Rolle präziser zu fassen, um den geeigneten Rahmen für die Vorschläge zur Revision der Aktions- und Qualifikationsebene zu erhalten.

2 Theoretischer Zusammenhang: Handlung-Qualifikation-Kompetenz-Rolle

Zunächst soll von zwei Annahmen ausgegangen werden:

1. Die Handlungen der Curriculumentwicklung und des Unterrichts lassen sich begrifflich fassen und beschreiben.
2. Die Kompetenz für solche Handlungen kann durch Qualifikationen erworben werden, d.h. die Aktivitäten sind lehr- und lernbar.

Sobald freilich zur Curriculumforschung auch Unterrichtshandlungen gehören, erhebt sich die Frage, ob denn deren Aktivitäten mit unterrichtlichen Aktionsmustern identisch sind. Es ist deshalb erforderlich, den konstitutiven Merkmalen solcher Aktivitäten nachzugehen.

Zu diesem Zwecke soll nun der von HABERMAS entwickelte Begriff des Handelns referiert werden, um seine Brauchbarkeit für die Fassung der Eigenart curriculumplanerischer und unterrichtlicher Handlungen zu prüfen.

HABERMAS geht von dem Unterschied von Arbeit und Interaktion aus und entwickelt auf diesem Fundament seine Begriffe des „zweckrationalen" und „kommunikativen" Handelns:

„Unter Arbeit oder zweckrationalem Handeln verstehe ich entweder instrumentales Handeln oder rationale Wahl oder eine Kombination von beiden. Instrumentales Handeln richtet sich nach technischen Regeln, die auf empirischen Wissen beruhen. Sie implizieren in jedem Fall bedingte Prognosen über beobachtbare Ereignisse, physische oder soziale ...; ... Das Verhalten rationaler Wahl richtet sich nach Strategien, die auf analytischem Wissen beruhen. Sie implizieren Ableitungen von Präferenzregeln (Wertsystemen) und allgemeinen Maximen; ...... Zweckrationales Handeln verwirklicht definierte Ziele unter gegebenen Bedingungen; aber während instrumentales Handeln Mittel organisiert, die angemessen oder unangemessen sind nach Kriterien einer wirksamen Kontrolle der Wirklichkeit, hängt das strategische Handeln nur von einer korrekten Bewertung möglicher Verhaltensalternativen ab, die sich allgemein aus einer Deduktion unter Zuhilfenahme von Werten und Maximen ergibt" (209).

Davon hebt er den Begriff des kommunikativen Handelns ab:

„Unter kommunikativen Handeln verstehe ich andererseits eine symbolisch vermittelte Interaktion. Sie richtet sich nach obligatorisch geltenden Normen, die reziproke Verhaltenserwartung definieren und von mindestens zwei handelnden Subjekten verstanden und anerkannt werden müssen. ... Während die Geltung technischer Regeln und Strategien von der Gültigkeit empirisch wahrer oder analytisch richtiger Sätze abhängt, ist die Geltung gesellschaftlicher Normen allein in der Intersubjektivität der Verständigung über Intentionen begründet und durch die allgemeine Anerkennung von Obligationen gesichert. ...

Gelernte Regeln zweckrationalen Handelns statten uns mit der Disziplin von Fertigkeiten, verinnerlichte Normen mit der von Persönlichkeitsstrukturen aus. Fertigkeiten setzen uns instand, Probleme zu lösen, Motivationen erlauben uns, Normenkonformität zu üben" (210).

HABERMAS selbst hat beide Typen in einem Diagramm einander gegenübergestellt, dessen wichtigste Kategorien hier wiedergegeben werden sollen:

	Institutioneller Rahmen: symbolisch vermittelte Interaktion	Systeme zweckrationalen (instrumentalen und strategischen) Handelns
Handlungsorientierende Regeln	gesellschaftliche Normen	technische Regeln
Art der Definition	reziproke Verhaltenserwartung	bedingte Prognose bedingte Imperative
Mechanismen des Erwerbs	Internalisierung von Rollen	Lernen von Fertigkeiten u. Qualifikationen
Funktion Handlungstyps	Aufrechterhaltung von Institutionen (Normenkonformität auf der Grundlage reziproker Verstärkung)	Problemlösung (Zielerreichung; definiert in Ziel-Mittel-Relationen)
„Rationalisierung"	Emanzipation; Individuierung; Ausdehnung herrschaftsfreier Kommunikation	Steigerung der Produktivkräfte; Ausdehnung der technischen Verfügungsgewalt

Wenngleich bei HABERMAS die Handlungstypen in erster Linie zur Beschreibung und Unterscheidung gesellschaftlicher Systeme bzw. Subsysteme herangezogen werden (211), erscheint uns eine Anwendung auf die Curriculumplanung statthaft. Bei der Auflistung der Aktivitäten, wie sie in curricularen Planungsprozessen auftreten, wird nämlich die eigenartige Verschränkung der beiden Handlungstypen deutlich:

1. Informationen einholen über die Zielsetzung des Unterrichts,
2. Entscheidungen herbeiführen über die Zielsetzungen,
3. Entwickeln von Plänen und Alternativen zur Durchführung von Vorhaben.
4. Unterrichten als praktisches Handeln,
5. Das Erreichte messen und kontrollieren.

Zunächst ist man geneigt, das Einholen von Informationen und das Entwickeln von Plänen als instrumentales Handeln zu fassen, da es nach technischen Regeln verfährt und am Erfolg im empirischen Sinne orientiert ist. Das Unterrichten selbst wäre in dieser Perspektive ebenfalls zu sehr unter die Prämissen zweckrationalen Handelns gestellt, als daß es noch als kommunikatives Handeln im Sinne von HABERMAS interpretiert werden könnte. In der Tat war ja schon oben der Verdacht geäußert worden, die Curriculumforschung impliziere eine einseitige Interpretation aller mit dem Unterricht zusammenhängenden Aktivitäten als zweckrationale und auf technische Verfügungsgewalt abgestellte Handlungen. Damit ist allerdings - ins Positive gewendet - keineswegs infragegestellt, daß der Curriculumforschung das Verdienst zukommt, mit Nachdruck auf die Notwendigkeit hingewiesen zu haben, mit geeigneten Mitteln s t ä n d i g und immer wieder neu Ziele und Inhalte des Unterrichts abzuleiten und die diesen Intentionen gemäßem Handlungsanweisungen (=Pläne) zu entwickeln.

Dieser Anspruch legitimiert indes noch nicht eine Verfälschung der konstitutiven Elemente der Erziehung und des Unterrichts selbst. Denn: was MARCUSE gegenüber der Natur fordert, nämlich aufzuhören, diese als Gegenstand technischer Verfügung zu behandeln, und sie stattdessen als Gegenspieler einer möglichen Interaktion zu begreifen (212), sollte erst recht für die Schüler und die mit ihnen veranstalteten Lernprozesse Gültigkeit haben. Unter diesen Voraussetzungen kommunikatives Handeln zu konstituieren, hat allerdings Konsequenzen für das zweckrationale Handeln, denn in der Perspektive kommunikativen Handelns sind die einzuholenden Informationen nicht mehr von außerschulischen Instanzen zu beziehen, sondern sie sind mindestens teilweise (in welchem Grad sei vorerst dahingestellt) auch Ergebnisse von Kommunikationsprozessen mit den am Lernprozeß beteiligten Individuen. Es sollte selbstverständlich sein, dem Schüler eine solche Subjektivität zuzutrauen und mit ihm zu kommunizieren, statt ihn „unter Abbruch der Kommunikation bloß zu bearbeiten" (213).

Dieses für alle Unterrichtsvorgänge und deren Planung wesentliche Element wird zwar zweckrationales Handeln nicht ersetzen, dieses aber anders erscheinen lassen.

Freilich: Der Einwand einer unzulässigen Vermengung von zweckrationalem und kommunikativem Handeln ist ernst zu nehmen. Schließlich verfolgen doch offensichtlich beide sehr unterschiedliche Intentionen. Dennoch kann eine Verzahnung sinnvoll sein, wie wir am folgenden Beispiel aufweisen wollen: Wir nehmen an, daß der Schüler aus verschiedenen Kommunikationsprozessen (auch aus solchen mit seinem Lehrer!) die Erfahrung gewonnen hat, das Erlernen einer Fremdsprache könnte seine eigenen Möglichkeiten (Reisen in ferne Länder, Verstehen verschiedener Nachrichten, Berufschancen, etc.) bedeutend erweitern. Wir können ferner annehmen, daß solche Kommunikation unter dem Vorzeichen von „Emanzipation" und „Individuierung" stand.

Unter der Voraussetzung dieser Motivationslage wird der Schüler dann allerdings zur Erreichung dieses Zieles („Beherrschung einer Fremdsprache") entsprechend zweckvolle Mittel organisieren müssen. In dieser Situation wird der Lehrer als der in der Organisation von Lernprozessen kompetente Partner dem Schüler Mittel an die Hand geben, welche diesem Erleichterungen beim Lernen verschaffen und eine Kontrolle seiner Leistungen sowie seines Lernstandes ermöglichen. Darin wird offenkundig, daß einerseits das Ziel des Lernens erst dann hinreichend legitimiert erscheint, wenn es in einer Kommunikationssituation zustandegekommen ist, daß andrerseits aber der Schüler nicht mehr Objekt technischer Verfügung ist, sondern wie der Lehrer als Subjekt erscheint, deren gemeinsames Objekt der Lernvorgang und dessen Erfolg ist.

In den Situationen der Unterichtsplanung, des Vollzugs und der Kontrolle wird damit kommunikatives Handeln zu einer entscheidenden Dimension der Handlungen, und zweckrationale Handlungen erfahren ihre Legimitation nicht in der Steigerung von Produktivkräften, sondern in den Ergebnissen der Interaktion.

Das Verfügen über ein solches Repertoire unterschiedlicher Handlungstypen bedarf indessen bestimmten Voraussetzungen, die bei HABERMAS als „Mechanismen des Erwerbs" gefaßt sind. Obgleich man in der Praxis nur von einem Gefüge von kommunikativen und zweckrationalen Handlungen sprechen kann, ist es notwendig, unterschiedliche Arten des Erwerbs getrennt herauszustellen.

HABERMAS spricht vom „Lernen von Fertigkeiten und Qualifikationen" (für zweckrationales Handeln) und von der „Internalisierung von Rollen" (für kommunikatives Handeln) (214).

Die Qualifikationen zur Ausübung zweckrationalen Handelns sind gleichzusetzen mit den Kenntnissen und der Handhabung des methodologischen Instrumentariums der empirischen Wissenschaften; in der Curriculumforschung sind das in erster Linie die Methoden der Operationalisierung von Lernzielen und deren Kontrolle. Die *Inhalte* der Qualifikation sind demnach die Probleme der Curriculum*methodologie*. Damit wird indessen ein weiterer Begriff relevant, der der *Kompetenz*. Er bezeichnet im allgemeinen Sprachgebrauch lediglich die *Zuständigkeit* für die Ausübung einer bestimmten Tätigkeit aufgrund einer speziellen Qualifikation.

Angemessener erscheint uns die Übertragung des linguistischen Kompetenzbegriffes auf sozialwissenschaftliche Phänomene. Die Linguistik versteht unter Kompetenz im Hinblick auf ihren Gegenstand „Sprache" ein „System generativer Prozesse" (215), dieses bezieht sich auf ein Regelinventar eines idealen Sprechers. Damit ist der Kompetenzbegriff an einem extra-individuellen System festgemacht.

Wie dort nämlich Zeichen in einem System inventarisiert sind und der Sprecher in dem Maße kompetent ist, wie er sich mit diesem System zu identifizieren vermag, so ist derjenige Akteur kompetent für zweckrationales Handeln, der das hierfür notwendige Regelinventar beherrscht.

Davon unterscheidet sich deutlich der Erwerb kommunikativen Handelns. Er ist auf Internalisierung von Rollen angewiesen. Kommunikatives Handeln als Rollenhandeln ist daher inhaltlich nicht von vornherein festlegbar, denn der Rollenträger muß sein Handeln „sinnhaft auf das Handeln seiner sozialen Umwelt, d.h. seiner sozialen Mitspieler einstellen, er hat also bestimmte soziale Erwartungen zu erfüllen" (216). Komplex, ja konfliktreich, wird ein solches Rollenverhalten durch die heterogenen Bezugsgruppen: „Fast jede Rolle setzt sich zusammen aus den Erwartungen nicht nur eines sozialen Gegenübers, sondern mehrerer Gegenüber, diese bezeichnet die Soziologie als Bezugspersonen bzw. als Bezugsgruppen eines Positionsinhabers" (217). Für den Lehrer ergeben sich also nicht nur Erwartungen vonseiten der Schüler, sondern ebenso von anderen Gruppen: den Eltern, seinen eigenen Vorgesetzten, staatlichen Instanzen usf. Rolleninternalisierung wird daher nur begrenzt als Ausbildungsqualifikation möglich sein. Trotzdem kann sie für den wichtigsten Bereich organisiert werden, nämlich für die Beziehungen zu den Schülern. Gerade diese Beziehungen bedürfen eines Trainings schon während der Ausbildung; dadurch wird die Voraussetzung geschaffen, dem Lehrer die Rolle des Helfers in Lernangelegenheiten bewußt zu machen. Er gewinnt mehr und mehr die Fähigkeit, entsprechende Handlungsmuster zu entwerfen und auszuführen.

Das Erlernen von Aktivitäten und Handlungen erfolgt also primär nicht über ein „Wissen", das in der Ausbildung erworben und in der konkreten Situation des Berufsfeldes angewendet wird. Vielmehr müssen Handlungsformen in realen Handlungssituationen selbst eingeübt werden. Zwischen Handlungen und den zu ihrer Bewältigung notwendigen Qualifikationen besteht nämlich eine Art dialektischer Beziehung. Zwar ist richtig, daß eine Handlung Qualifikationen voraussetzt, aber der Erwerb von Qualifikationen erfordert bereits das Medium der Handlung selbst, somit ist auch er von entsprechenden Handlungen abhängig.

Diese Einsicht hat allerdings Konsequenzen für die Strukturierung der Ebenen, in welchen Handlungen ausgeführt, bzw. Qualifikationen erworben werden.

2.1 Zwischenbemerkung

Mit der Darstellung der Zusammenhänge von Handlung und Qualifikation, von Rolle und Kompetenz ergibt sich allerdings eine für unsere Konzeption wesentliche Forderung: Zur Veränderung von Kompetenz und Rollenverhalten des Lehrers genügt eine Neuordnung allein der Qualifikationsebene nicht; eine Revision der Handlungsebene selbst scheint vielmehr erforderlich; denn die Kompetenz erwirbt der Lehrer größtenteils aus den Handlungszusammenhängen seines Aktionsfeldes.

Das hat indessen zwei Konsequenzen:

1. Soll der Lehrer kompetent werden zur Entwicklung und Realisierung von Curricula, so müssen auf der von ihm zu gestaltenden Aktionsebene entsprechende Handlungen vorgesehen sein.
2. Aber auch die Qualifikationen für solche Handlungen bedürfen entsprechender Handlungssituationen. Das bedeutet, daß die Qualifikationsebene ein Abbild der Aktionsebene sein muß.

Von dieser Konsequenz her muß einer dezentralisierten Curriculumentwicklung das Wort geredet werden, die wir vor allem auch mit der konstitutiven Verschränkung von kommunikativen und zweckrationalen Handlungen begründen.

Neben dieser primär aus der Sicht der Betroffenen geltend gemachten Forderung ist indes noch ein weiterer nicht zu unterschätzender Grund für die Verlagerung der Entscheidungsbefugnisse auf die Unterrichtsebene anzuführen. Wenn es richtig ist, daß „sich die Wirklichkeit in einem von der systematischen Erkenntnis kaum einholbaren Wandel befindet" (218), dann werden die Chancen zur Innovation der Schule bereits dann verspielt, wenn diese erst in einer von der Schulpraxis verselbständigten Einrichtung erforscht und erprobt werden muß, um anschließend durch zusätzliche mühselige Anstrengungen die Lehrer instandzusetzen, neue Inhalte auf neue Weise zu unterrichten. Für derartige Unternehmen sind mindestens fünf Jahre anzusetzen. Solche Zeiträume dürften freilich selbst dann nicht akzeptabel sein, wenn man unterstellt, daß alle Entwicklungsprozesse stets offen für Neuerungen sind. Bei einer Dezentralisierung der entscheidenden Aktivitäten wäre hingegen die Gewähr gegeben, daß, vorausgesetzt die Akteure werden dazu befähigt, der augenblickliche Informationsstand in der Praxis selbst verwirklicht wird.

3 Das Aktionsfeld des Lehrers: „action research" auf der Unterrichtsebene

Ein wesentlicher Schritt, Entwicklungsarbeiten in einer unterrichtsnahen Region anzusiedeln, ist die Anwendung von Modellen, wie sie etwa HENTIG mit seiner action research entwickelt hat, auf die Praxis selbst.

Vergegenwärtigen wir uns deshalb noch einmal die dort vorgesehenen Aktivitäten:

1. Hypothesen über sinnvolle und nötige Lernziele der Schule aufstellen
2. Ziele durch Konsens bestimmen
3. Mittel und Verfahren auf diese Ziele hin auszuwählen
4. konkrete Unterrichtsvorgänge, -situationen und -materialien entwickeln

5. konkrete Unterrichtsvorgänge erproben bzw. durchführen
6. Anspruch und Realisierung vergleichen, Korrekturen vornehmen, modifizieren, etc.

Zunächst einmal muß festgestellt werden, daß in einem solchen Programm sich die gegenüber der jetzigen Praxis deutlich verschieben; dess es treten jene Akte in den Vordergrund, welche Unterricht inhaltlich legitimieren, bzw. in denen Unterricht konkret geplant wird, während die Unterrichtsvollzüge selbst zwar nach wie vor das Hauptereignis darstellen, vom zeitlichen Aufwand her gesehen aber im Verhältnis zur Planung zurückgehen.

Für ein derartiges Programm sind zunächst die Funktionen der Beteiligten zu identifizieren; dabei legen wir unserer Fragestellung zufolge den Schwerpunkt auf den Lehrer. Andrerseits sind die Strukturen zu kennzeichnen, innerhalb welcher die Funktionen ausgeübt werden, d.h. die Organisationsformen und ihre institutionellen Rahmenbedingungen.

3.1 Funktionen der beteiligten Gruppen

In den Suchprozessen und schließlich in der Zielfestlegung wird zunächst ein innovative Funktion sichtbar. Obgleich zu den beteiligten Gruppen auch Schüler und Eltern gehören, kommt dem Lehrer als dem „Professional" doch eine wichtige Rolle hierbei zu. Wenn auch die Bedürfnisse hinsichtlich bestimmter Zielvorstellung von den Schülern oder den sie repräsentierenden Eltern artikuliert werden sollen, so fällt die Frage der fachlich-inhaltlichen Ausprägung solcher Bedürfnisse sowie deren Auslegung auf die besondere Situation der Lernenden doch strikt in die Zuständigkeit des Lehrers.

Wir möchten dies an einem konkreten Fall erläutern:

Nehmen wir an, Schüler und Eltern setzen sich für die Förderung des allgemeinen Lernziels „Richtiges Verhalten zur Umwelt (Fragen des Umweltschutzes)" ein.

In diesem Falle sind verschiedene Fachwissenschaftler bzw. Fachdidaktiker angesprochen, Informationen aus ihrem Bereich beizutragen. Dazu sind etwa folgende Fragen zu stellen:

Welche chemischen Prozesse liegen der Umweltverschmutzung in konkreten Fällen zugrunde? (Chemiker); welche Bedingungen zum Leben für Tier, Pflanze und Mensch sind notwendig? (Biologie); welche Veränderungen der Siedlung und Landschaft sind möglich? (Geograph). Ferner wird zu prüfen sein, inwieweit ökonomische Faktoren etwa bei der Abfallbeseitigung maßgebend sind. Kurzum: Fachlehrer müssen das gesamte Sachfeld abgrenzen. Dazu sind sie aber nur dann in der Lage, wenn sie im Sinne der dieses Sachfeld auslegenden Wissenschaft zu verfahren gelernt haben. Deshalb braucht der Lehrer zuallererst eine fachwissenschaftliche Kompetenz. Darüberhinaus aber müssen sie diese Informationen in der besonderen Perspektive der Bedürfnisse der Schüler sehen, daher ist es erforderlich, dieses Wissen nicht nur in eine Sprache zu transformieren, welche im Gegensatz zur Wissenschaftssprache den Schülern verständlich ist, sondern die Inhalte mit den Bedürfnissen der Schüler in Verbindung zu bringen. Das bedeutet, um mit BLANKERTZ zu sprechen, „grundlegende Sachverhalte eines Gegenstandsfeldes ... auf die edukative Intentionalität" zu beziehen (219). Wir bezeichnen die dafür notwendige Kompetenz als fachdidaktische Kompetenz.

Inwieweit damit schon ein Vorgriff auf Vermittlungsverfahren notwendig wird, kann hier unberücksichtigt bleiben; indes verlangt die Konkretisierung dieser allgemeinen Intentionen bis zur Unterrichtsebene planender Handlungen. Damit üben die beteiligten Gruppen eine technologische Funktion aus.

Taxonomien differenzieren die allgemeinen Lernziele, Materialien und Medien unterstützen die Vermittlung, Lernmotivationen müssen geschaffen, das Verfahren entsprechend ausgewählt und Möglichkeiten zur Sicherung des Gelernten bereitgestellt werden. Es ist unwahrscheinlich, daß an dieser Planung Eltern und Schüler beteiligt sind. Viel eher könnte der Lehrer für diese Funktion die Unterstützung von Experten benötigen, die ihm Teilfunktionen der Entwicklungsarbeit abnehmen, allerdings nicht in der Weise, daß eine personelle Trennung von Planungs- und Realisierungsarbeiten entsteht. Mit dem Unterrichten selbst, der praktischen Durchführung aller planerischen Bemühungen, übt der Lehrer in erster Linie eine kommunikative Funktion aus, obgleich die technologische Funktion ebenfalls in den Unterricht hineinwirkt. Jeder Unterricht steuert ein Ergebnis an. Das Sichtbarmachen der Lernresultate jedoch liegt nicht nur im Interesse der Gesellschaft oder auch nur des Lehrers, es ist für den Lernenden selbst wichtig. Indem der Lehrer Unterrichtsergebnisse kontrolliert, übt er eine evaluative Funktion aus.

Mit der Überantwortung der innovativen, technologischen, kommunikativen und evaluativen Funktion an die Lehrer wird indessen die Aufgabe der Wissenschaft eine andere.

Abgesehen davon, daß diese ja an dem Unternehmen „Unterricht" insofern beteiligt ist, als sie die Lehrer zur Ausübung solcher Funktionen befähigt, werden bestimmte grundsätzliche Probleme von ihr zu lösen sein:

Während die Unterrichtenden Entwicklungs- und Planungsprozesse mit der Absicht veranstalten, den konkreten Unterrichtsvollzug vorzubereiten, richten die Wissenschaftler ihre Aufmerksamkeit auf die bei der Planung ablaufenden Prozesse und die damit zusammenhängenden Faktoren. Sie konzentrieren sich etwa auf folgende Fragen: Welche Teamkonstellation gewährt die beste Arbeit? Wie kann die Kooperation verbessert werden? In welchen Bereichen der Entwicklungsarbeit ist die Anwesenheit außerschulischer Instanzen nötig, erwünscht bzw. unnötig? Für welche Bereiche werden Experten erforderlich? Wie kann die Kommunikation von Lehrern und Experten gesichert werden? Ist das Verhältnis der Lehrerkompetenz zu ihren Funktionen optimal? In welchem Maß muß Kompetenz geändert oder neu geschaffen werden, damit sie den Funktionen gerecht zu werden vermag?

Die Wissenschaft hat demnach die Aufgabe, die Lehrer für ihre Arbeit entsprechend zu qualifizieren und die Bedingungen einer derartigen Arbeit selbständig zu verbessern, indem sie funktionsfähige Kooperationsmodelle schaft und diese der Praxis zur Verfügung stellt.

3.2 Struktur und Organisation

Es war noch relativ einfach, didaktische Funktionen zu identifizieren und so eine dezentrale Entwicklungsarbeit zu konstituieren. Indessen geraten wir in das Dickicht organisationssoziologischer Probleme, wenn wir versuchen die Strukturen zu bestimmen, die eine Ausübung der Funktionen gewährleisten sollen. Im Rahmen dieser Arbeit ist es hingegen nicht möglich, diese Problematik im Detail zu entfalten. Die folgenden Tatsachen erscheinen uns jedoch wichtig: Wir gehen davon aus, daß es sich bei der Schule um „eine Stätte höherer Dienstleistung und zunehmender Innovationsrate" handelt (220), die damit gerade nicht streng bürokratisch und hierarchisch organisiert sein kann. Das schließt die Forderung nach allmählichem Abbau hierarchischer Ordnungen im Schulwesen ein. Zudem sind gerade die inhaltlichen Entscheidungen der Schule noch am wenigsten bürokratischen Kontrollen unterworfen; hier herrscht also ein Freiheitsspielraum, den es positiv zu nutzen und auszubauen gilt.

Eine weitere Chance zur Durchsetzung einer breiter fundierten Handlungskompetenz des Lehrers bietet augenblicklich eine bildungspolitisch kritischer gewordene Öffentlichkeit. In den Empfehlungen des Bildungsrates wird der Lehrer zum „Innovieren" aufgefordert. Nun ist allerdings die Ambivalenz eines solchen Zugeständnisses bekannt: In dem Maße, wie Innovationsbereitschaft und Kreativität vom Lehrer verlangt wird, erweist sich die bürokratische Organisationsstruktur als hinderlich. Oder umgekehrt: Eine beamtenrechtlich abgesicherte bürokratische Organisation läßt nur „auf der Grundlage ihrer Normen (Hervorhebung im Text, H.H.) Situationsdefinitionen und entsprechende Handlungsmuster zu" (221), nicht aber innovative Handlungen.

Deshalb ist es notwendig, hierarchisch strukturierte Kommunikation abzubauen und stattdessen „horizontale Beziehungen" (222) zu institutionalisieren, will man die Ausübung der oben angeführten Funktionen überhaupt ermöglichen.

Wir schlagen deshalb zunächst drei Institutionen vor, die geeignet erscheinen, solche Beziehungen zu fördern:

1. Die Schulkonferenz als Gremium von Lehrern, Eltern und Schülern (eventuell Experten verschiedener Art). Sie ist der Ort der Konsensbildung über Ziele (223).
2. Entwicklungs- und Planungskommissionen, bestehend aus verschiedenen Experten und Fachlehrern. Sie leisten die Organisation der Mittel;
3. Fort- und Weiterbildung der Lehrer, Kontaktstudien als Möglichkeiten der Teilhabe an der neueren Forschung und der Kommunikation mit der Wissenschaft.

Den Planungskommissionen kommt dabei die Funktion zu, die Entscheidungen sowohl vorzubereiten, als sie auch weiter zu bearbeiten, während die Schulkonferenz, die ja in einigen Bundesländern bereits existiert, jedoch keine inhaltlichen Entscheidungen vornimmt, die Aufgabe hätte, die Ziele in allgemeiner Form festzulegen. Die Kontaktstudien der Lehrer sollen indessen gewährleisten, daß der theoretische Anspruch innovativen Handelns durchgehalten werden kann und nicht ein Rückfall in eine sich selbst regulierende, nach unkontrollierten Mechanismen ablaufende Praxis erfolgt.

4 Die Ausbildung des Lehrers: Qualifikationsebene

Was durch die Institutionalisierung der Weiterbildung als für die Konstituierung der Lehrerkompetenz unverzichtbar anerkannt wurde, nämlich eine ständige Rückbindung an Theorie und Reflexion, hat seinen Ausgangspunkt in der Ausbildungsphase selbst. Es ist deshalb notwendig, die obengenannte These wieder aufzunehmen: Die Qualifikationsebene muß ein Abbild der Aktionsebene sein. Wenn es richtig ist, daß Kompetenz aus der Erfahrung des unterrichtlichen Umgangs erwächst, dann muß die Ausbildungsphase praktische Erfahrungen ermöglichen und mit der ständigen Wechselbeziehung von Theorie und Praxis beginnen. Der Grund für eine wissenschaftlich-theoretische Ausbildungsphase liegt aber auch im Sinne der Handlungsformen selbst, denn diese stellen in stärkerem Maße als bisherige Handlungen des Lehrers <u>theorieabhängige</u> Formen dar.

Es erscheint uns demzufolge erforderlich, ein Ausbildungsprogramm zu erstellen, welches das für den Unterricht notwendige Handlungsspektrum theoretisch fundiert, praktisch einübt und schließlich entsprechend reflektiert. Damit sind deutlich *drei* Akzente für die Ausbildung gesetzt.

4.1 <u>Ausbildungskonzept</u>

An erster Stelle der theoretischen Ausbildung steht das Studium der *Fachwissenschaft*. Durch diese lernt der künftige Lehrer nicht nur Inhalte und Verfahrensweisen einer wissenschaftlichen Disziplin, sondern einen Ausschnitt aus der materialen und sozialen Lebenspraxis, wie sie von dieser Wissenschaft ausgelegt wird.

Damit werden wesentliche Grundlagen für die *Fachdidaktik* geschaffen. Diese ist schon deswegen ein Kernstück der Ausbildung, weil sie über die Legitimation von Unterrichtsinhalten hinaus Kriterien für deren Anordnung erstellt, die Operationalisierung ermöglicht und geeignete Verfahren und Medien erarbeitet. In ihr sind also alle theoretischen Fragestellungen der Curriculumforschung, sowie alle praktischen Handlungsanweisungen der Curriculumplanung aufgehoben. In ihr soll außerdem die Frage der Curriculuminstanzen geklärt werden; denn vor allem die Fachdidaktik muß versuchen, fach-, sozial- und erziehungswissenschaftliche Fragestellungen zu integrieren. Am besten entspricht solchen Forderungen bislang der Ansatz von H. BLANKERTZ. Im didaktischen Strukturgitter wird ein Legitimationsinstrumentarium sichtbar, das dem Lehrer gestattet, die innovative Funktion auszuüben, welche die Gesellschaft von ihm verlangt.

Damit ist auch das Curriculum theoretisch in der Ausbildungsphase thematisiert, wie es MENCK gefordert hat, als er für die Verlegung der Curriculumforschung an die Lehrerausbildungsstätten plädierte. So ist die Gewähr gegeben, daß der Lehrer auch die theoretischen Probleme der Curriculumforschung kennt und vor allem seine eigene Funktion in der späteren Praxis und der dort zu leistenden Innovation erkennt.

Diese theoretische Grundausbildung ist das Fundament für praktische Aktivitäten, also für die Durchführung von Planungs-, Entwicklungs-, Realisierungs- und Erprobungsarbeiten. Derartige Veranstaltungen sind aber nicht nur als Simulation der späteren Praxis aufzufassen; sie verwirklichen vielmehr bereits immer eine bestimmte Forschungsintention. Diese kann entweder darin bestehen, Curricula zu entwickeln oder bestimmte Variablen des Unterrichts zu identifizieren, oder einfach auch darin, Aussagen über die optimale Zusammensetzung von Planungsgremien zu erhalten. Forschung im Rahmen der Lehrerausbildung ist schon deswegen von eminenter Bedeutung, weil sie ja unter dem Aspekt, Curriculumaktivitäten zu dezentralisieren, in zunehmendem Maße auch zu einem entscheidenden Instrument für die Bewältigung der Praxis wird.

In dieser Phase erwirbt der Lehrer vor allem die Kompetenz zur Ausübung der technologischen Funktion.

Die praktischen Aktivitäten in der Ausbildung haben ihren Kern aber in den Unterrichtsvollzügen selbst. Das ergibt sich bereits aus einer forschungsstrategischen Notwendigkeit, denn Planungsentwürfe bedürfen der Erprobung, soll eine innovative didaktische Forschung geleistet werden. Aber die Unterrichtshandlungen sind ja, wie wir oben festgestellt haben, kommunikative Handlungen mit bestimmten Rollenmustern, deren Erwerb durch Internalisierung erfolgt. Praktische Unterrichtsvollzüge intendieren daher immer auch den Aufbau von professionellen Rollen. Einen ersten Versuch hierzu stellt das sogenannte Micro-Teaching dar. Neben der Identifikation von Unterrichtsvariablen geht es dabei vor allem darum, wünschenswerte praktische Verhaltensweisen und Rollenmuster für den Unterricht systematisch einzuüben. In diesem Zusammenhang verwundert es etwas, daß das Konzept des Lehrverhaltenstrainings doch noch recht zurückhaltend gerechtfertigt wird. Es dient nämlich beileibe nicht nur der Überwindung von spezifischen Startschwierigkeiten beim Berufseintritt. Vielmehr werden hier zentrale berufliche Aktivitäten des Lehrers als Ausbildungsinhalt organisiert und mit wissenschaftlichen Mitteln professionelle Verhaltens- und Rollenmuster angestrebt.

Schließlich muß im Rahmen der praktischen Ausbildung die Kontrolle der Unterrichtsergebnisse eingeübt werden. Dabei ist die unterschiedliche Intention von Test- und Evaluationsverfahren zu beachten, wie sie von FLECHSIG und HALLER herausgearbeitet worden sind (Normgruppen- und lernzielorientierte Verfahren!). Gerade die Evaluierung der Entwicklungs- und Erprobungsprozeduren dürfte in der Hand des Lehrers ein geeignetes Instrument darstellen, den eigenen Unterricht stets zu optimieren. Er muß lernen, Unterrichtssituationen als systematische Experimentalsituationen aufzufassen, und er gleicht darin dem Forscher in der Erprobungssituation. Soll dies indes in der Praxis gelingen, so muß in der Ausbildung eine entsprechende Einstellung zum Unterricht erst aufgebaut werden.

Obgleich die praktische Phase niemals ohne theoretische Reflexionen denkbar sein wird, besteht doch die Gefahr, daß diese durch die in den Vordergrund tretenden praktischen Aufgaben zu kurz geraten oder möglicherweise nicht systematisch genug erfolgen.

Aus diesem Grunde ist eine dritte Phase der Ausbildung erforderlich, welche eine systematische Aufarbeitung der bisherigen theoretischen und praktischen Erfahrungen leisten soll. Hier kann eine fachdidaktische Konzeption und der in ihr enthaltene theoretische Anspruch mit der Praxis von Planungen und Vollzügen in Beziehung gebracht werden. Dadurch erfolgt möglicherweise eine Revision fachdidaktischer Ansätze selbst. Hier wird aber auch ein Reflexionsprozeß in Gang gesetzt über die Funktion des unterrichtlichen Handelns selbst und damit eine Distanz zur eigenen professionellen Rolle angebahnt. Schließlich soll diese Phase eine entsprechende Motivationsgrundlage für ein permanentes Kontaktstudium schaffen, welches ja als eine Einrichtung der Aktionsebene herausgestellt wurde.

Damit weist das Studium zum Erwerb der Unterrichtskompetenz drei signifikante Phasen auf:

1. Die Phase des Erwerbs von grundlegenden Kenntnissen (Studium der Fachwissenschaft und der Fachdidaktik mit den fachlichen, gesellschaftlichen und pädagogischen Implikaten) 4 Semester
2. Die Phase eines Praktikums (Einübung in Unterrichtsplanung, -vollzug und -kontrolle; Rolleninternalisierung) 2 Jahre
3. Die Phase der systematischen Reflexion von Theorie und Praxis (Förderung der Fähigkeit zur kritischen Beurteilung der eigenen Situation) 4 Semester

Allerdings muß in diesem Zusammenhang davor gewarnt werden, die Ausbildungsziele einer revidierten Lehrerbildung falsch zu interpretieren. Es kann auch hier nicht darum gehen, den Lehrer mit einer fertigen Kompetenz von der Hochschule zu entlassen. Weil aber die künftige Praxis im Studium zum eigentlichen Bezugspunkt wird, hat der Lehrer die Möglichkeit, seine Kompetenz im Beruf wesentlich auszuformen. Der Ausbildung fällt so gesehen die Aufgabe zu, sowohl den Grundstein für eine solche Kompetenz zu legen, vor allem aber die Dispositionen für einen späteren Kompetenzerwerb zu schaffen.

Die nachfolgende Übersicht stellt die Entsprechung von Ausbildung und Praxis noch einmal im Zusammenhang dar:

Faktoren unterrichtlicher Kompetenz

QUALIFIKATIONSEBENE	Phase 1: Theoretisch-fachwissenschaftl. fachdidaktische Grundbildung	Phase 2: Praktikum für Planung, Durchführung und Kontrolle von Unterricht	Phase 3: Reflexion der Zusammenhänge von Theorie u. Praxis, Handlung und Rolle
Ausbildung Erwerb von Qualifikationen	Strukturierung der Sachzusammenhänge; Legitimation von Inhalten und Zielen; Differenzierung u. Operationalisierung; Entwicklung geeigneter Verfahren	Einübung in unterrichtliche Planungs-, Vollzugs- und Evaluationsprozesse; Internalisierung professioneller Rollen	Reflexion über die Funktion unterrichtlichen Handelns; kritische Rollendistanz
AKTIONSEBENE Schulpraxis Qualifiziertes Handeln	Kompetenz zur Ausübung innovativer Funktionen u. zum zweckrat. Handeln	Kompetenz zur Ausübung technol., kommunikativer u. evaluativer Funktionen u. zum kommunikativem Handeln	Fähigkeit zur Weiterbildung durch Kontaktstudien
	ermöglicht Entscheidungen über Zielsetzung und die Aufstellung von fachlichen Zielen	ermöglicht die Entwicklung von Unterrichtsprogrammen und alle im Unterricht notwendigen Handlungsvollzüge	ermöglicht ständige Kompetenzerweiterung und das Verwerten neuer wissenschaftlicher Daten

4.2 Kompetenz und Rollendifferenzierung

Die Darstellung der Aktivitäten und Qualifikationen machte deutlich, daß die Curriculumforschung eine Differenzierung und Erweiterung des didaktischen Problemhorizonts gebracht hat. Die daraus zu ziehenden Konsequenzen sind allerdings nicht eindeutig. Soll ein Teil der Aktivitäten künftig von wenigen Experten ausgeführt werden? Dadurch könnten die Lehrer entlastet werden, aber sie müßten auch den Verlust der Kompetenz für eine Reihe von Entscheidungen in Kauf nehmen. Oder soll man auf die Differenzierung und Erweiterung mit einer Bündelung und Integration aller notwendigen Qualifikationen in einer Person antworten? Die Folge wäre eine sehr breit angelegte Lehrerausbildung, die wir im vorhergehenden Abschnitt dargestellt haben.

Wir hatten uns zwar für eine Dezentralisierung der Kompetenzen ausgesprochen und diese Entscheidung auch ausführlich begründet, dennoch war zunächst bewußt offen gelassen worden, ob alle identifizierten Qualifikationen in einer Person vereinigt oder ob einer Teilspezialisierung der Vorzug gegeben werden soll. Letzteres schafft natürlich wieder Probleme besonderer Art: Wie bei allen Spezialisierungen, so besteht auch hier die Gefahr des Auseinanderfallens zusammenhängender unterrichtlicher Aufgaben. So wären also die Inhalte der Aufgaben (und damit die Kompetenz) von Spezialisten erst genau zu umreißen.

Wie der Lehrer beispielsweise in Fragen der Schullaufbahnberatung auf die Unterstützung speziell dafür ausgebildeter Schul- und Testpsychologen zurückgreift, so könnte ein Experte für langfristige Planungs- und Entwicklungsarbeiten für den Lehrer eine Funktion besonderer Art haben. Der Fachmann für Curriculumfragen, der *Curriculumexperte* also, hätte in erster Linie eine *beratende* Funktion. Damit fiele ihm vor allem die Aufgabe zu, den Lehrer über den neuesten Stand der Curriculumforschung zu informieren, deren spezielle Instrumente für die Entwicklungsarbeit verfügbar zu machen und die Planung zu organisieren, nicht aber - und das ist in diesem Zusammenhang äußerst wichtig - die Entwicklungsarbeit allein zu leisten. Ob mit dieser Funktionsdifferenzierung im Aufgabenbereich eine Differenzierung der Lehrerrolle selbst einhergeht, ist dabei durchaus noch offen. Dies hängt davon ab, welche Organisations- und Interaktionsformen sich in den heterogenen Planungsgremien entwickeln und wie weit die Spezialisierung schon beim Erwerb der Qualifikationen, also in der Lehrerausbildung, vorangetrieben wird. Der Experte darf aber nicht so gegen den Lehrer abgegrenzt werden, daß er Unterricht plant, während dieser ihn zu realisieren hat, sondern der Curriculumfachmann kann nur die Funktion haben, die Kompetenz des Lehrers in Planungsfragen zu ergänzen. Aber auch der Curriculum-Experte sollte nicht ausschließlich mit Planungsfragen befaßt sein. Wenn er darüberhinaus in zeitlich begrenztem Maß auch als Unterrichtender tätig werden könnte, wäre Unterrichtsplanung und -realisierung trotz der Teilspezialisierung in optimaler Weise wieder integriert.

5 Konsequenzen für den bildungspolitischen Rahmen

Mit einem Ansatz, der die wesentlichen Curriculumaktivitäten auf der Unterrichtsebene vorsieht, gerät man indessen in Widerspruch zu den Konzepten der Bildungsplaner und Kulturpolitiker. Es ist deshalb erforderlich, sich mit deren Argumenten auseinanderzusetzen, um nicht in den Verdacht zu geraten, wir würden die am Anfang der Arbeit sichtbar gemachten Tendenzen nun am Ende bewußt ignorieren.

Das Statement, demzufolge heute Globalstrategien bevorzugt würden, welche auf ein Wissenschaftsverständnis rekurrieren, das eine technische Verfügung über vergegenständlichte Prozesse anstrebt, fand sich zwar in der Curriculumliteratur im Ganzen bestätigt. Die Ansätze, die wir analysierten, streben eine derartige Verfügung über den Unterricht an. Zugleich aber wurde offenkundig, daß ein solches Vorhaben jedenfalls für den Unterricht nicht gelingen will, weil am Ende, nämlich in der Praxis selbst, Personen stehen, Lehrer und Schüler, die als Objekte der Verfügung nicht lückenlos kalkulierbar sind. Die Curriculumansätze versuchen indessen, die im Berufsfeld des Lehrers bislang gegebenen Freiheitsspielräume zu besetzen. Solche Spielräume hatten sich ergeben, weil eine präzise Bestimmung der Ziele nicht möglich war, weil sich alle Zieldefinitionen durch eine prinzipielle Unschärfe und Abstraktheit auszeichneten (224). Die Besetzung wird damit gerechtfertigt, daß der Lehrer nicht in der Lage sei, die erforderliche Konkretisierung zu leisten.

Damit wird freilich einer Innovation von oben das Wort geredet, die den Lehrer allenfalls als willigen Funktionär sehen möchte, der vorgegebene Ziele realisiert. Man will Innovation, ja man braucht sie auch unter nur ökonomischem und technologischem Vorzeichen, aber gleichzeitig ist ihre genaue und detaillierte Kontrolle notwendig. Dieser Konflikt zwischen Handlungsspielraum für Innovation und den Kontrollen der Handlungsdefinition kann zu Ungunsten des Lehrers ausgehen, wenn die Forderung nach Kontrolle unabdingbar erscheint (225).

Allein es bleibt sehr fragwürdig, ob eine Reform von oben von derselben Intention getragen ist wie eine Reform von unten. Die Curriculumdiskussion hat deutlich werden lassen, daß die Zielsetzungen sehr schnell in das Fahrwasser bildungsökonomischer Prämissen geraten können. Zentralisierte Planung muß in erster Linie von gesellschaftlichen Interessen ausgehen, und das bedeutet, daß die Vorstellungen der staatlichen Auftraggeber Vorrang haben.

In dieser Perspektive gelangen die sogenannten Erfordernisse der industriellen Produktion in den Vordergrund, und der Unterricht wird nur noch unter dem Aspekt der Schaffung eines bestimmten Qualifikationspotentials gesehen, welches diesen Erfordernissen dienlich ist.

Demgegenüber liegt einem Konzept, das die wesentlichen Curriculumaktivitäten dezentralisiert, letztlich eine andere Auffassung vom Wesen und von der Zielsetzung des Unterrichts zugrunde. Ausgehend von den Ansprüchen, Problemen und Interessen der Schüler steht deren Motivation im Mittelpunkt. Entscheidend sind nicht vorgestanzte Verhaltensweisen, sondern eine Förderung der Handlungs- und Entscheidungsfähigkeit, die dem Schüler Mündigkeit und die Kenntnis seiner Interessenlage verheißt. Wir haben versucht, diese Ziele durch die Einführung der Kategorie des kommunikativen Handelns durch den Lehrer zu sichern, weil wir glauben, daß zweckrationales Handeln allein solche Ziele verhindert. Kommunikatives Handeln bleibt indes konstitutiv an eine konkrete Unterrichtssituation gebunden.

Die Alternative der Reform erschöpft sich demnach nicht in der Frage: Sollen Innovationen von oben kommen und unten lediglich aufgeführt werden oder soll durch eine entsprechende Lehrerkompetenz die Veränderung der Ziele von der Unterrichtsebene erfolgen? Solange beide Möglichkeiten wirklich zu den gleichen Zielen führen, sind sie als gleichwertige Mittel zu betrachten. Es hat allerdings den Anschein, als würden sich dahinter unterschiedliche Konzepte über die Aufgaben veranstalteter Erziehung verbergen. Der Gegensatz läßt sich auf die folgende - freilich vergröberte - Formel bringen: Soll der künftige Erwachsene in erster Linie zu autonomem Handeln befähigt werden oder als Instrument zur Optimierung von Produktionsprozessen taugen?

Nun wird man Bildungsplanern nicht unterstellen dürfen, sie hätten ausschließlich eine Verbesserung der Qualifikationsstruktur künftiger Arbeitskräfte im Sinn. Trotzdem haben sie offenbar versäumt, ihre Präferenz für eine zentrale Planung und Entwicklung zu hinterfragen. Sie haben übersehen, daß dieses Mittel wesentlich angemessener ist, die Vorstellungen der Bildungsökonomie zu realisieren, für emanzipatorische Ziele dagegen eher hinderlich ist. Sie haben also die Zweck-Mittel-Relation für diesen Problembereich nicht hinreichend reflektiert. Wir halten es deshalb zunächst für notwendig, dieses Phänomen in den Kontext der Rationalisierungsmaßnahmen für den Bildungsbetrieb zu stellen. Die Curriculumforschung hat nämlich die Hoffnung genährt, Unterricht lasse sich künftig rationeller planen und realisieren als bisher. Rationeller bedeutet in diesem Zusammenhang: mit geringeren personellen Kosten. Denn die Zentralisierung einer qualifizierten Kompetenz erscheint billiger als deren breite Produktion für dezentralisierte Entwicklungsaufgaben. Damit ergäbe sich eine neue Variante möglicher Einsparungen. Die bisherigen Bemühungen in dieser Hinsicht berücksichtigen dieses Prinzip noch nicht, sie sind von folgenden Überlegungen getragen:

1. „Substitution der Lehrerleistung durch andere Arten von Lehrpersonal („innere Substitution")
2. Substitution der Lehrerleistung durch Arbeitsmittel („äußere Substitution")
3. Erhöhung der Wirksamkeit der Lehrerleistung durch Komplementärfaktoren" (226).

Die innere Substitution meint indessen nur „den Abbau der artfremden Arbeiten (Aufsicht, Verwaltung, Schreibarbeit, H.H.) und Einsatz jeweils entsprechend qualifizierter Kräfte, die mit größtmöglicher Wirksamkeit in ihren Aufgabenbereichen tätig werden" (227).

POSCH spricht in diesem Zusammenhang von „sub- und paraprofessionalem Personal" (228). (Die Erörterung der äußeren Substitution kann hier unberücksichtigt bleiben!)

Während in dieser Argumentation die Arbeit des Lehrers als hochqualifiziert erscheint und lediglich die mit dieser Arbeit verbundenen niederen Aufgaben weniger gut qualifiziertem und damit auch weniger kostspieligem Personal abgetreten werden sollen, eröffnet sich in der Curriculumforschung eine Chance bzw. eine Gefahr, den Lehrer selbst als parapädagogisches Proletariat abzustempeln, das keiner höheren Qualifikation mehr bedürfe, da ja die innovative und kreative Arbeit von ihm gar nicht mehr wahrgenommen wird; diese erfolge ja ohnehin in zentralen Stellen, welche mit Personal besetzt sind, das durch seine hohe Qualifikation die Gewähr biete, Unterricht künftig effektiver und produktiver zu machen.

Zu solchen Schlüssen kann es freilich nur dann kommen, wenn die Zwecke auf dem Wege über die Mittel usurpiert werden, wenn also die Mittel nicht mehr sinnvoll auf die Ziele des Unterrichts selbst bezogen sind, sondern einer verselbständigten Rationalität folgen, die den Kontext ignoriert, in welchem sie interpretiert werden müßte. Hier konfligieren offensichtlich eine ökonomisch orientierte Verfahrensrationalität und die pädagogisch-substantielle Rationalität. Obgleich ein Ansatz, der die Konstituierung der pädagogischen Kompetenz auf der Unterrichtsebene propagiert, einen ungleich schlechteren Stand hat, sich gegen die finanziellen Rationalisierungsverfahren durchzusetzen, weil nämlich die Kosten für das Personal gleich in zweifacher Hinsicht steigen werden (durch eine qualifiziertere Ausbildung und durch einen höheren quantitativen Bedarf), scheint er dennoch überlegen, denn er geht von den Zwecken des Unterrichts aus und versucht, eine emanzipatorische Absicht zur Geltung zu bringen. Er versteht sich in dieser Perspektive als ein kritischer Ansatz der Didaktik, die grundsätzliche Konflikte mit einer ausschließlich am Qualifikationsbedarf orientierten Bildungsökonomie nie wird vermeiden können.

Daß der Didaktik eine derart kritische Dimension noch weitgehend abgeht, hat inzwischen HUISKEN überzeugend nachgewiesen:

„Die der veranstalteten Erziehung innewohnende Gefahr, daß sie selbst und damit die zu Erziehenden bzw. Erzogenen für Zwecke instrumentalisiert werden, die von den Erziehern wie von der Didaktik nicht reflektiert werden, ist damit nicht nur in den neuesten didaktischen Konzepten nicht erkannt, sondern ihr wird durch die Verselbständigung des Effektivitätsdenkens einerseits und durch die fast durchgängige affirmative Ideologie andrerseits geradezu Vorschub geleistet. Dies drückt sich in der verdinglichenden Sprache, in der Schüler als manipulierbare Objekte erscheinen, ebenso aus, wie in der Verwendung des Qualifikationsbegriffes, in dem die Verwertung von Wissen, Fertigkeiten und habitualisierten psychischen und sozialen Dispositionen als vom Menschen scheinbar gelöster Erziehungsprodukte angelegt ist" (229).

Soweit sich Curriculumforschung einseitig am zweckrationalen Handeln orientiert und ihre Aktivitäten auf die empirische Bewährung und Evaluation ausrichtet, unterschlägt sie eine konstitutive Dimension des Unterrichts. In dieser Perspektive gilt für sie auch die Kritik, die HUISKEN, auf die präcurriculare Aera bezogen, vorbrachte.

Mit ihrer einseitigen Ausrichtung wird sie der Struktur ihres Gegenstandes Unterricht nur teilweise gerecht. Die Ausrichtung der Unterrichtswissenschaft am zweckrationalen Handeln unterschlägt die Dimension des kommunikativen, die für den Unterricht ebenso konstitutiv ist.

6 Die Ergebnisse der Untersuchung

Die Analyse der Curriculum-Modelle hat ein sehr wesentliches Ergebnis gebracht: Entgegen der ursprünglichen Absicht, in der Curriculumforschung die Fragen des Inhaltes von Unterricht zu klären, richtete sich die Aufmerksamkeit der Curriculumforschung zunehmend auf den Unterricht als Ganzes.

Damit ist sowohl für die Entwicklung der Didaktik als Unterrichtswissenschaft als auch für das Selbstverständnis des Lehrers ein delikater Punkt erreicht: Bisher war gerade die Wissenschaft davon ausgegangen, Unterricht lasse sich theoretisch allenfalls in seiner Inhaltlichkeit (Klafki) oder in seiner formalen Struktur (Berliner Didaktik) fassen, nie aber könne die detaillierte Entwicklungs- und Planungsarbeit und schließlich die Handlungen des Unterrichts selbst Gegenstand wissenschaftlicher Reflexion sein. So waren die Aktivitäten der Wissenschaft und der Akteure der Praxis notwendigerweise komplementär angelegt. Der explizite Anspruch der Wissenschaft, die bisherige theoretische Selbstbegrenzung aufzugeben, wie er in allen Konzepten der Curriculumforschung zu finden ist, stellt indessen auch die Berufsrolle des Lehrers und seine Funktion im Lernprozeß viel grundlegender in Frage, als das bei der Korrektur und Revision von Lehrplänen war.

Sicherlich: Lehrplan-Revisionen und Veränderungen in der Lehrerrolle waren schon immer aufeinander bezogen. In der Curriculumforschung kommt jedoch ein wesentlich neuer Aspekt hinzu: Während man nämlich in Lehrplänen meist bereits in der Praxis vollzogene Veränderungen durch Korrektur sanktionierte, werden im Curriculum der Veränderungsprozeß, die Richtung und der Inhalt der Veränderung erst thematisiert und anschließend vollzogen.

Wir wollen nicht in den Fehler verfallen, alle heute feststellbaren Veränderungen der Lehrerrolle auf die Curriculumforschung zu beziehen. Trotzdem darf nicht übersehen werden, daß sich die Didaktik gegenwärtig hauptsächlich in der Curriculumforschung weiterentwikkelt, und daß verschiedene außercurriculare Probleme unter curricularem Aspekt neue Aktualität erhalten. Deshalb ist hier ein direkter Bezug zur Curriculumforschung festzustellen. Dies gilt vor allem im Hinblick auf die Konstituierung einer Fachdidaktik, aber auch für das Verhältnis von Theorie und Praxis, von Planung und Realisierung des Unterrichts und für Fragen der Lehrerausbildung.

Vor diesem Hintergrund fassen wir nun das Haupt-Ergebnis der Untersuchung zusammen:

Wenn die Wissenschaft durch umfassende Planung, Erprobung der Planungsprodukte und durch eine Bewertung aller Entscheidungen und Handlungszusammenhänge den gesamten Unterricht als „ihren Gegenstand" begreift, dann tritt sie offensichtlich als „neue Instanz" auf und etabliert sich - neben dem Lehrer - als für den Unterricht verantwortliche Institution.

Sie vermag indessen qua Wissenschaft Unterricht nur in einer Laborpraxis zu produzieren und ist nicht in der Lage, die Bedingungen der realen Praxis zu generalisieren. Weil sich Entscheidungen über die Rechtmäßigkeit bestimmter Unterrichtsinhalte nur vorbehaltlich zentral fällen lassen, ist im Grunde auch kein Modell denkbar und praktikabel, das die Wissenschaft als Produzenten, den Lehrer dagegen als Reproduzenten des Unterrichts vorsieht. Soll deshalb Unterricht wissenschaftlich bewältigt werden, so darf sich die Wissenschaft nicht selbst als Planungsinstanz für den Unterricht betrachten.

Ihr kommen vielmehr zwei andere wichtige Aufgaben zu:

1. hat sie als Qualifikationsinstanz die Funktion, die für die Erneuerung des Unterrichts notwendige Kompetenz der Akteure zu schaffen, indem sie die für die Entwicklung von Curricula erforderlichen methodischen Instrumente als Ausbildungspraxis organisiert.
2. hat sie die Bedingungen, unter denen sich eine so geschaffene Kompetenz in der Praxis aktualisieren kann, zu ermitteln. Sie fungiert somit als eine die bildungspolitischen Entscheidungen konstituierende Fachinstanz.

Sie richtet damit ihre Aufmerksamkeit auf zwei Ebenen: Auf die Unterrichtsebene und auf die zur Bewältigung dieses Bereichs notwendige Qualifikationsebene der Lehrerausbildung.

In dieser Perspektive allerdings ergeben sich radikale Veränderungen für das berufliche Selbstverständnis des Lehrers, die im folgenden zusammengefaßt werden sollen.

6.1 Der Lehrer als Innovationsagent

Der Lehrer war in einer traditionsgeleiteten Gesellschaft und Kultur in erster Linie ein Agent, der die Aufgabe hatte, das kulturelle Erbe zu bewahren und an die nachfolgende Generation weiterzugeben. In dieser Mittlerrolle zwischen Tradition und Individuum war durchaus auch ein Emanzipationspostulat vorgegeben: Es galt, dem Einzelnen zur Mündigkeit für eine Kultur zu verhelfen. In einer Gesellschaft allerdings, die ihre Normen und Werte nicht mehr primär aus der Tradition rechtfertigen kann, ist Mündigkeit anders zu fassen und in den verschiedenen Beiträgen zu diesem Thema auch anders gefaßt worden: HENTIG spricht - übrigens ganz im Geiste SCHLEIERMACHERS - von der Fähigkeit, in einer Gesellschaft zugleich leben und diese verändern zu können, und ROBINSOHN hat die Formel von der Mündigkeit in einer Kultur vorgeschlagen.

Es wäre indessen falsch, die Curriculumdiskussion selbst für die Veränderung des Mündigkeitsbegriffes und die daraus resultierende Wandlung der Lehrerfunktion verantwortlich zu machen. Sie ist aber dennoch ein Indikator, der die Bedeutung gesellschaftlicher und kultureller Wandlungsprozesse für Bildungs- und Unterrichtsprobleme sichtbar gemacht hat. Der in der Curriculumforschung artikulierte Wandel hat ohne Zweifel auch Konsequenzen für den Lehrer. Und dennoch: Es erscheint als möglich, daß er auch weiterhin nur eine Vermittlerrolle spielt, nämlich dann, wenn an die Stelle der Tradition nun eine Instanz, die Wissenschaft, tritt, die ihm einen verbindlichen Lernzielkatalog vorlegt, der in der konkreten Unterrichtssituation realisiert werden soll.

Mit der von uns entwickelten und begründeten Ablehnung dieser Alternative kommt allerdings dem Lehrer weitgehend selbst die Rolle des Innovationsagenten zu, die er aber nur dann kompetent wahrnehmen kann, wenn die entsprechenden Voraussetzungen dafür geschaffen sind. Mit der bloßen Thematisierung dieser neuen Aufgabe des Innovierens, wie es der Strukturplan und der Bildungsbericht ' 70 tun, ist es allerdings nicht getan, wenn man nicht gleichzeitig die Rolle der Wissenschaften definiert und einander entsprechende Veränderungen in Praxis und Ausbildung vornimmt, wie wir es oben versucht haben. Es ist also durchaus richtig, daß die Erziehungs- und Gesellschaftswissenschaften heute das für die Rechtfertigung von Erziehungs- und Bildungszielen notwendige Instrumentarium entwickeln; sie müssen es aber als Qualifikationsinhalte für den Lehrer organisieren, wenn es in der Praxis wirksam werden soll. Insofern ist die Innovationsfähigkeit des Lehrers als Ziel der Ausbildung zu thematisieren und entsprechend zu organisieren, worüber heute freilich kaum konkrete Ansätze vorliegen.

6.2 Die professionellen Aktivitäten als Grundlage für das Lehrerverständnis

Die Kompetenz zur Innovation wird sich zudem im Selbstverständnis des Lehrers niederschlagen. Ein solches Selbstverständnis war in der Vergangenheit von mehreren Widersprüchen gekennzeichnet. Einmal bestand ein gebrochenes Verhältnis zwischen der Ausbildung und der späteren Praxis, weil die Ausbildungsinhalte nicht alle berufsrelevant waren und umgekehrt Berufsaktivitäten in der Ausbildung unberücksichtigt blieben. Dann war es für die unterschiedlichen Lehrergruppen an verschiedenen Bezugsdisziplinen orientiert. Obwohl die Berufsausübung selbst weitgehend gleich war, allenfalls durch die Schülergruppen und Auftrag unterschiedlich, war das Selbstverständnis der Volksschullehrer stets mehr an einer die Spezifika der Fachinhalte ignorierenden allgemeinen Methodenlehre des Unterrichts festgemacht und das der Gymnasiallehrer ausschließlich von der Fachwissenschaft geprägt, die indes den Bezug zur Schule prinzipiell ignorierte. Schließlich hat die Unterrichtswissenschaft selbst niemals den Unterricht als Ganzes, als ihren Gegenstand betrachtet, sondern nur Teile, sodaß die

Berufsaktivitäten immer gespalten waren in wissenschaftliche und nichtwissenschaftliche. Erst in der Folge der Curriculumforschung, die im Anspruch nach empirischer Evaluation einen weiteren Horizont sichtbar werden läßt, verspricht dies anders zu werden. Ihr kommt deshalb zunächst das Verdienst zu, auf die unterrichtlichen Handlungen selbst aufmerksam gemacht zu haben, weil es unsinnig erscheint, inhaltliche Entscheidungen über Unterricht mit wissenschaftlichen Mitteln herbeizuführen, zur Durchführung aber in eine handwerkliche Praxis zurückzufallen.

Die Curriculumforschung hat mit der Erfassung des gesamten Unterrichts dann auch die Chance geschaffen, das Selbstverständnis des Lehrers am Gesamtpotential seiner Berufsaktivitäten zu orientieren, vor allem dann, wenn dieser umfassende Gegenstand der Wissenschaft als Ausbildungsinhalt organisiert wird.

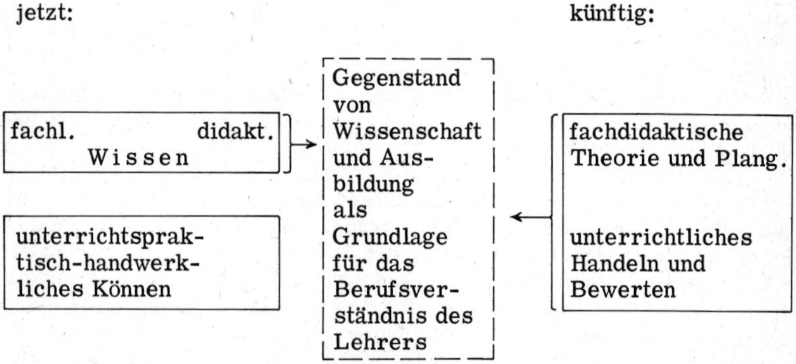

6.3 Forschung und unterrichtliche Praxis

Mit der Dezentralisierung der unterrichtlichen Innovation entsteht allerdings ein Problem für die Forschung. Obgleich man auf wissenschaftliche Begleitforschung nicht wird verzichten können, also Verbindungen zwischen wissenschaftlichen Instituten und Schulen wird institutionalisieren müssen, wird Unterricht selbst, sofern er eine inhaltliche Erneuerung darstellt, zur ständigen Forschungssituation, der Lehrer als Handelnder sich selbst zum Beobachtungsobjekt.

Ständig müssen der Anspruch und die Wirklichkeit der Experimentalsituation verglichen werden. Sicher läßt sich einwenden, das wäre schon immer so gewesen. Freilich hat der Lehrer auch bisher seine eigene Praxis reflektiert, Erfolge und Mißerfolge bewertet, aber da ihm seine Wissenschaft weder Hypothesen vorgab, noch ein Instrument bereitstellte, mit dessen Hilfe er die Variablen dieses Erfolgs hätte systematisch erfassen können, war dieses Tun weitgehend vom Zufall bestimmt, und außerdem insofern motiviert, weil der traditionelle Unterricht ohnehin funktionierte, wenn man nur die Regeln beachtete.

Da aber im innovativen Unterricht Handeln gerade nicht mit stereotypen gleichbleibenden Verhaltensmustern möglich ist, wird es selbst Teil einer Forschungssituation. Das ist sozusagen die Metaebene der action-research, man erforscht etwas, indem man es tut, man erforscht aber gleichzeitig dieses Tun. In der ständigen Kontrolle der Angemessenheit unterrichtlicher Handlungen hinsichtlich der Intentionen zeigt sich der Lehrer nicht nur als Ausführender, sondern auch als Erforscher innovativen Unterrichts. Wir halten diese neuartige Dimension seiner Tätigkeit für ein konstitutives Moment des innovierenden Unterrichts.

6.4 Funktionsdifferenzierung und Spezialisierung des Lehrerberufs

Die mögliche Konsequenz einer weiteren Spezialisierung über die bekannten Formen nach Fach- und Schulstufe bzw. Schulart hinaus, steht als Ergebnis unserer Auswertung nicht deswegen am Ende, weil dieses die bedeutendste oder wichtigste Erkenntnis wäre, sondern weil es das problematischste Ergebnis darstellt. Es erscheint zunächst eher als eine Banalität, daß mit der fortschreitenden Differenzierung des unterrichtlichen Feldes eine Funktionsdifferenzierung und damit eine Rollenspezialisierung Hand in Hand geht. Problematisch daran ist allerdings die Tatsache, daß zwar die Ausweitung der Planungsaktivitäten und -qualifikationen eine Spezialisierung nahelegen, daß andererseits aber die Einheit von Unterrichtsplanung und -realisierung erhalten bleiben muß, weswegen ja für eine Dezentralisierung der Curriculumentwicklung votiert wurde. Wenn nun, bedingt durch den komplexer gewordenen Planungs- und Entwicklungsbereich, trotzdem einer Teilspezialisierung das Wort geredet wird, so darf damit keine strenge personelle Teilung von Planung und Realisierung des Unterrichts verbunden sein. Im Gegenteil, der Lehrer wird nur dann erfolgreich unterrichten können, wenn er diesen Unterricht auch selbst geplant hat. Das sollte ihn allerdings nicht hindern, für die Entwicklungsarbeit einen Experten zu Rate zu ziehen.

Wir haben somit versucht, die Funktionen des in der Literatur bereits vereinzelt erwähnten Curriculumexperten etwas präziser zu umreißen. Will man allerdings verhindern, daß er durch diese substitutive Funktion ein unterrichtsferner bzw. -fremder Akteur der Wissenschaften oder gar ein ministerieller Beamter wird, so wird man seine Kompetenzen erweitern müssen, um ihn als teilspezialisierten Lehrer zu begreifen.

Er müßte also selbst, wenn auch zeitlich eingeschränkt, unterrichten. Nur so erscheint uns eine Spezialisierung des Lehrerberufs über die bisher bekannten Formen hinaus sinnvoll. In der Ausbildung würde sich diese Teilspezialisierung in Form einer Schwerpunktbildung in der fachdidaktischen Entwicklungsarbeit niederschlagen.

Wenn auch diese Forderungen unter bildungsökonomischen und -planerischen Voraussetzungen einen schweren Stand haben, weil ihre Realisierung gegenüber rein technokratischen Modellen schwieriger ist, so muß eine kritische Didaktik doch für solche Forderungen kämpfen und kann die bildungspolitische Seite ihrer Arbeit nicht ignorieren, weil diese von ihren eigenen Zielen und Inhalten gar nicht zu trennen ist.

Anmerkungen und Quellennachweise

(Die Quellennachweise enthalten jeweils bei der Erstnennung den vollen Titel, bei der wiederholten Nennung einen verkürzten Titel.)

(1) S.B. ROBINSOHN (1969 b): „Zur Problematik der Curriculumentwicklung im internationalen Vergleich". In: Probleme der Curriculum-Forschung (Hrsg. J. Speck) Münster 1969. S. 21. Robinsohn streitet hier eine Autonomie des Lehrers bei der Festlegung von Lehrplänen generell ab.

(2) E. WENIGER: Didaktik als Bildungslehre, Teil 1: Die Theorie des Bildungsinhalts und des Lehrplans. Weinheim 1962.

(3) A. KELL: „Die Abhängigkeit bildungsökonomischer Forschungen vom jeweiligen Wirtschaftssystem". In: Zeitschrift für Pädagogik 1972, S. 9.

(4) E. BECKER/G. JUNGBLUT: Strategien der Bildungsproduktion. Frankfurt/M. 1972 S. 138.

(5) K. FREY: Theorien des Curriculums. Weinheim 1971. S. 27.

(6) E. BECKER/G. JUNGBLUT: Strategien der Bildungsproduktion. S. 134.

(7) E. BECKER/G. JUNGBLUT: Strategien ... S. 138.

(8) J. HABERMAS: Theorie und Praxis. Frankfurt/M. 1965. S. 193.

(9) CHR. V. WEIZSÄCKER: „Vorläufige Gedanken zur Theorie der Manpower-Bedarfsschätzung". In: Bildungsökonomie - eine Zwischenbilanz (Hrsg. Hüfner/Naumann) Stuttgart 1969. S. 160.

(10) CHR. V. WEIZSÄCKER: „Vorläufige Gedanken ... S. 160.

(11) CHR. V. WEIZSÄCKER: „Vorläufige Gedanken ... S. 160.

(12) CHR. V. WEIZSÄCKER: „Vorläufige Gedanken ... S. 160.

(13) G. PICHT: Die deutsche Bildungskatastrophe. Olten und Freiburg 1964. S. 30. Diese Veröffentlichung PICHTs erschien zunächst als Fortsetzungsfolge in der Wochenzeitschrift „Christ und Welt". Sie ist deshalb ein bedeutender Einschnitt in der Entwicklung des Bildungswesens der Nachkriegszeit, weil hier erstmals deutlich und mit Nachdruck herausgestellt wurde, daß Bildungsfragen nicht nur eine Angelegenheit der unmittelbar damit befaßten Fachleute ist, sondern ein politisch und ökonomisch äußerst relevanter Faktor.

(14) H.-G. ROLFF: Bildungsplanung als rollende Reform. Frankfurt/M. 1970. S. 89.

(15) In der Bildungsplanung ist dieser Aspekt relativ neu. Ohne allerdings explizit auf die Curriculumforschung zu verweisen, haben im Rahmen der Bildungsplanung als erste COOMBS und JENSEN darauf verwiesen. Vergl. dazu: Ph. COOMBS: „Time for change of strategy". In: Qualitativ Aspects of Educational Planning (ed. C.E. BEEBY) Paris 1969. S. 15, und St. JENSEN: Bildungsplanung als Systemtheorie. Bielefeld 1970. S. 37.

(16) Fr. HUISKEN: Zur Kritik bürgerlicher Didaktik und Bildungsökonomie. München 1972.

(17) E. BECKER/G. JUNGBLUT: Strategien der Bildungsproduktion S. 135.

(18) E. BECKER/G. JUNGBLUT: Strategien ... S. 145.

(19) E. BECKER/G. JUNGBLUT: Strategien ... S. 157.

(20) E. BECKER/G. JUNGBLUT: Strategien ... S. 152.
(21) E. BECKER/G. JUNGBLUT: Strategien ... S. 145.
(22) Für HUISKEN und für BECKER/JUNGBLUT ist dies eine der zentralen Thesen ihrer Ausführungen
(23) Vergl. J. HABERMAS: Theorie und Praxis.
Ders.: „Erkenntnis und Interesse". In: Technik und Wissenschaft als „Ideologie". Frankfurt/M. 1969.
(24) H. BLANKERTZ (Hrsg.) (1971): Curriculumforschung - Strategien, Strukturierung, Konstruktion. Essen 1971. S. 8.
(25) E. WENIGER: Didaktik als Bildungslehre. (Erschienen in zwei Bänden)
(26) E. WENIGER: Die Theorie des Bildungsinhalts ... S. 6.
(27) E. WENIGER: Die Theorie des Bildungsinhalts ... S. 16/17.
(28) E. WENIGER: Die Theorie des Bildungsinhalts ... S. 21.
(29) E. WENIGER: Die Theorie des Bildungsinhalts ... S. 22.
(30) E. WENIGER: Die Theorie des Bildungsinhalts ... S. 18.
(31) E. WENIGER: Die Theorie des Bildungsinhalts ... S. 20.
(32) E. WENIGER: Die Theorie des Bildungsinhalts ... S. 20.
(33) W. KLAFKI in einem Vortrag in Nürnberg.
(34) W. KLAFKI: Studien zur Bildungstheorie und Didaktik. Weinheim 1965. S. 91/92.
(35) W. KLAFKI: „Die didaktischen Prinzipien des Elementaren, Fundamentalen und Exemplarischen". In: Handbuch für Lehrer, Band 2. Gütersloh 1961. S. 120 - 139.
(36) W. KLAFKI: Studien zur ... S. 43.
(37) W. KLAFKI: Studien zur ... S. 43.
(38) W. KLAFKI: Fünfte Studie: „Didaktische Analyse als Kern der Unterrichtsvorbereitung". In: Studien zur ... S. 126 - 153.
(39) Die Grundlegung der sog. „BERLINER DIDAKTIK" besorgte Paul HEIMANN in dem Aufsatz „Didaktik als Theorie und Lehre" In: Die Deutsche Schule, 54. Jg. 1962, S. 407 - 427. Vor allem sein Schüler W. SCHULZ hat in den folgenden Jahren den Ansatz von HEIMANN ausgebaut. SCHULZ versuchte im Jahre 1969 sogar, die neuen Aspekte, wie sie die Curriculumdiskussion hervorbrachte in den Ansatz zu integrieren, was ihm allerdings nicht überzeugend gelang. Vergl. hierzu:
W. SCHULZ: „Die Aufgaben der Didaktik". In: Allgemeine Didaktik, Fachdidaktik, Fachwissenschaft (Hrs. g. D. C. Kochan) Darmstadt 1970 S. 403 - 440.
Außerdem sind von W. SCHULZ erwähnenswert:
„Unterricht - Analyse und Planung" In: Unterricht - Analyse und Planung. S. 13 - 46. Hannover 1970.
„Umriß einer didaktischen Theorie der Schule" In: Die Deutsche Schule 61. Jg. 1969 S. 61 - 72.
„Die Didaktik der ‚Berliner Schule' revidiert: In: betrifft: Erziehung. 5. Jg. S. 19 - 32.
(40) W. SCHULZ: Unterricht - Analyse und Planung. S. 13.
(41) W. SCHULZ: „Die Aufgaben der Didaktik" S. 414.
(42) Hier sind vo allem zu nennen: BLANKERTZ, HUISKEN und BREYVOGEL. Siehe hierzu:
H. BLANKERTZ: Theorien und Modell der Didaktik. München 1968
F. HUISKEN: Zur Kritik bürgerlicher Didaktik ....
W. BREYVOGEL: „Die Didaktik der Berliner Schule - kritisiert In: betrifft: erziehung. 5. Jg. 1972, Heft 6. 19 - 22.
(43) F. WELLENDORF: „Ansätze zur erziehungswissenschaftlichen Theoriebildung in der BRD". In: Erziehungswissenschaft als Gesellschaftswissenschaft - Probleme und Ansätze. (Hrsg. D. GOLDSCHMIDT u.a.) Heidelberg 1973 S. 68 - 110. S. 72.
(44) W. SCHULZ: „Die Aufgaben der Didaktik". S. 411/412.

(45) H. BLANKERTZ: Theorien und Modell ... S. 109.
(46) K.-H. FLECHSIG: „Die technologische Wende in der Didaktik". In: Unterrichtsforschung und didaktische Theorie. (Hrsg. G. DOHMEN/F. MAURER/ W. POPP). München 1970. S. 243 - 262. S. 244.
(47) O.W. HASELOFF: „Probleme der empirischen Bewährungsprüfung von Erziehungszielen". In: Schule und Erziehung. (Hrsg.: W. HASELOFF/H STACHOWIAK) Berlin 1960.
(48) W. SCHULZ: Unterricht - Analyse und Planung. S. 45.
(49) W. SCHULZ: „Einleitung" zu R.M. MAGER: Lernziele und programmierter Unterricht. Weinheim. 1967 S. XIII.
(50) W. SCHULZ: Unterricht - Analyse und Planung. S. 36.
(51) W. SCHULZ: Unterricht - Analyse und Planung. S. 16.
(52) Der Begriff „Unterrichtsebene" als die wörtliche Übersetzung des angelsächsischen Terminus ‚classroom level' erscheint uns geeigneter als der Begriff ‚Basis', (der auch bei Curriculumautoren Verwendung findet,) weil ‚Basis' seit MARX eine vollkommen andere Bedeutung hat. Vgl. hierzu etwa STRITTMATTER: „Entscheidung über Lernziele an der ‚Basis'". In: pl - Programmiertes Lernen, Unterrichtstechnologie, und Unterrichtsforschung. 9. Jg. 1972, S. 1 - 6.
(53) Vergl. hierzu:
J. DAHMER/W. KLAFKI: Geisteswissenschaftliche Pädagogik am Ausgang ihrer Epoche - Erich Weniger. Weinheim und Berlin 1968.
(54) H. RITTEL: „Zur wissenschaftlichen und politischen Bedeutung der Entscheidungstheorie". In: Forschungsplanung. Hrsg. KRAUCH).
(55) H. RITTEL: „Zur wissenschaftlichen .... S. 112.
(56) H. RITTEL: „Zur wissenschaftlichen .... S. 114.
(57) S.B. ROBINSOHN: Bildungsreform als Revision des Curriculum. Neuwied 1967. S. 1.
(58) B.S. BLOOM (ed.): Taxonomy of Educational Objectives. I: Cognitive Domain. New York 1956. Der zweite Band erschien 1964 und enthielt die affektiven Lernziele. Der dritte ist noch nicht erschienen (psychomotorische Lernziele) Vergl. hierzu auch:
R.M. GAGNE: Die Bedingungen des menschlichen Lernens (dt. Übersetzung) Hannover 1969.
(59) Stellvertretend seien hier diejenigen Autoren genannt, die inzwischen auch deutschen Lesern zugänglich sind: J.S. BRUNER: Der Prozeß der Erziehung. Düsseldorf 1970. G.W. FORD/L. PUGNO (Hrsg.): Wissensstruktur und Curriculum. (dt. Übersetzung von The Structure of Knowledge and the Curriculum) Düsseldorf 1972.
(60) Der deutsche BILDUNGSRAT setzt sich zusammen aus der Regierungskommission (das sind Vertreter von Bund und Ländern, also politische Instanzen!) und der Bildungskommission (das sind Wissenschaftler, darunter eine Reihe von namhaften Erziehungswissenschaftlern)
(61) R. DAHRENDORF: „Bildung ist Bürgerrecht". In: „Die Zeit" - Bücher. Hamburg 1965.
G. PICHT: Die deutsche Bildungskatastrophe.
(62) S.B. ROBINSOHN: Bildungsreform als .... S. 1.
(63) S.B. ROBINSOHN: „Zur Problematik der Curriculum-Entwicklung im internationalen Vergleich". In: Probleme der Curriculumforschung Münster 1970. S. 11 - 13.
(64) F. HUISKEN: Zur Kritik bürgerlicher ... S. 105.
(65) Im Kern ist das eine Auseinandersetzung mit der geisteswissenschaftlichen Didaktik Erich Wenigers und Wolfgang Klafkis. Ihr wirft er vor, sie habe sich damit begnügt, gegebene Inhalte didaktisch zu reflektieren und in Bildungsinhalte zu transponieren. (Bildungsreform als ... S. 24).
(66) S.B. ROBINSOHN: Bildungsreform ... S. 31.

(67) S.B. ROBINSOHN: „Ein Strukturkonzept für Curriculumentwicklung". In: Zeitschrift für Pädagogik. 1969. S. 645.
(68) S.B. ROBINSOHN: Bildungsreform als ... S. 31.
(69) S.B. ROBINSOHN: „Ein Strukturkonzept ..." S. 646.
(70) S.B. ROBINSOHN: „Ein Strukturkonzept ..." S. 647.
(71) ZWISCHENBERICHT der Bund-Länder-Kommission für Bildungsplanung vom 18.10.71 (Auszug in: Bildung und Erziehung 1972. S. 77/78).
(72) S.B. ROBINSOHN: „Zur Problematik der Curriculumentwicklung ..." S. 9.
D. ELBERS: „Curriculumentwicklung in den USA". In: Betrifft: erziehung. 1971/H. 4. S. 26.
D. KNAB: „Lehrer und Lehrplan". In: Geschichte in Wissenschaft und Unterricht. 1969. S. 792.
(73) S.B. ROBINSOHN: Bildungsreform als ... S. 11.
(74) S.B. ROBINSOHN: Bildungsreform als ... S. 1.
J. DOLCH: Lehrplan des Abendlandes. Ratingen [2]1965.
Auf S. 296 heißt es etwa:
„Mit vollem Recht ist darauf hingewiesen worden, daß in der neueren Philosophie der Durst nach dem Wissen die Frage nach Wie, Wodurch und Wieweit des Wissens, das erkenntnistheoretische und methodologische Interesse mächtig angeregt habe und daher zum Leitbegriff der Enzyklopädie das Problem der Methode getreten sei". Vergl. auch den vor dieser Zeit typischen „Discours de la méthode (1637) von Descartes.
(75) S.B. ROBINSOHN: Bildungsreform als ... S. 52.
(76) S.B. ROBINSOHN: Bildungsreform als ... S. 1.
W. EDELSTEIN: „Chancengleichheit ohne Schulreform". In: Neue Sammlung 1966. S. 627 - 637.
(77) K.E. NIPKOW: „Curriculumdiskussion". In: Zeitschrift für Pädagogik 1971. S. 2.
(78) S.B. ROBINSOHN: „Zur Problematik der Curriculumentwicklung ..." S. 22.
(79) P. HEIMANN: „Didaktik 1965". In: Unterricht - Analyse und Planung. S. 10.
(80) H. BLANKERTZ: Curriculumforschung - Strategien, Strukturierung, Konstruktion. Essen 1971. S. 8/9. (Hervorhebung im Zitat von mir!)
(81) D. KNAB: „Lehrer und Lehrplan". S. 791 ff.
(82) D. KNAB: „Lehrer und ..." S. 793.
(83) S.B. ROBINSOHN: Bildungsreform als ... S. 45.
(84) D. KNAB: „Lehrer und ..." S. 793.
(85) S.B. ROBINSOHN: Bildungsreform als ... S. 45.
(86) J. ZIMMER: „Zur Bedeutung der Humanwissenschaften für die Curriculum-Forschung und -Entwicklung. In: Reform von Bildungsplänen. S. 49.
(87) S.B. ROBINSOHN: Bildungsreform als ... S. 45.
(88) H. v. HENTIG: Das Bielefelder Oberstufenkolleg. Stuttgart (1971).
(89) H. THOMAS: in einem Vortrag in Erlangen (1971).
(90) D. KNAB: „Lehrer und ..." S. 798.
(91) D. KNAB: „Konsequenzen der Curriculumproblematik im Hinblick auf Curriculumforschung und Lehrplanentscheidungen in der Bundesrepublik. In: Probleme der Curriculumforschung. Münster 1970.
(92) H. BRÜGELMANN: „Die englischen Teacher's Centres". In: Die Deutsche Schule 1972. S. 534 - 546.
(93) D. KNAB: „Lehrer und ..." S. 791.
(94) S.B. ROBINSOHN: „Innovation im Erziehungswesen und ein Curriculum für Lehrerbildung". In: Bildung und Erziehung. 1972. S. 3.
(95) Der Gruppe gehören neben H. BLANKERTZ an:
F. Achtenhagen, M. Evers, A. Kell, H.J. Kaiser, D. Lenzen, P. Menck, H.L. Meyer, A. Mannzmann, G. Thoma.
(96) H. BLANKERTZ: Fachdidaktische Curriculumforschung - Strukturansätze für Geschichte, Deutsch, Biologie. Essen 1973. S. 10.

(97) H. BLANKERTZ: Curriculumforschung, Strategien ... S. 7.
(98) P. MENCK: „Planung und Individuum 2. In: Zeitschrift für Pädagogik. 1972. S. 78.
(99) H. BLANKERTZ: Curriculumforschung, Strategien ... S. 8.
(100) F. ACHTENHAGEN/P. MENCK: „Langfristige Curriculumentwicklung und mittelfristige Curriculumforschung". In: Zeitschrift für Pädagogik. 1970. S. 198.
(101) F. ACHTENHAGEN/H.L. MEYER: Curriculumrevision - Möglichkeiten und Grenzen. München 1971. Einleitung S. 9.
(102) H. BLANKERTZ: Curriculumforschung, Strategien ... S. 9.
(103) H.J. KAISER/P. MENCK: „Das Didaktische Strukturgitter in der Curriculumforschung, dargestellt am Beispiel des Pädagogik-Unterrichts". In: H. BLANKERTZ: Curriculumforschung, Strategien ... S. 117.
(104) H. BLANKERTZ: Curriculumforschung, Strategien ... S. 8.
(105) P. MENCK: „Lehrerausbildung und Curriculumentwicklung". In: Bildung und Erziehung. 1972. S. 26.
(106) H. BLANKERTZ: Fachdidaktische Curriculumforschung ... S. 16.
(107) P. MENCK: „Lehrerausbildung und ..." S. 26.
(108) P. MENCK: „Lehrerausbildung und ..." S. 29.
(109) H. BLANKERTZ: Curriculumforschung, Strategien ... S. 9.
(110) P. MENCK: „Lehrerausbildung und ..." (29).
(111) H. BLANKERTZ: Curriculumforschung, Strategien ... S. 9.
(112) H. BLANKERTZ: Fachdidaktische Curriculumforschung ... S. 12.
(113) P. MENCK: „Lehrerausbildung und ...". S. 27.
(114) H. BLANKERTZ: Fachdidaktische Curriculumforschung ... S. 12.
(115) P. MENCK: „Lehrerausbildung und ..." S. 27.
(116) H. BLANKERTZ: „Strategien zur Entwicklung eines Lehrplans für das Fach Arbeitslehre". In: H. BLANKERTZ: Curriculumforschung ... S. 29.
(117) D. LENZEN: „Eine ‚eduktive' Strategie für Curriculum-Konstruktion". In: H. BLANKERTZ: Curriculumforschung ... S. 118 - 150.
(118) H. BLANKERTZ: Curriculumforschung, Strategien ... S. 29.
(119) D.K. WHEELER: Curriculum Process. London 1967.
(120) F. ACHTENHAGEN/P. MENCK: „Langfristige Curriculumentwicklung ..." S. 201.
(121) F. ACHTENHAGEN/P. MENCK: „Langfristige Curriculumentwicklung ..." S. 211.
(122) G. THOMA: „Zur Entwicklung und Funktion eines ‚didaktischen Strukturgitters' für den Politischen Unterricht". In: H. BLANKERTZ: Curriculumforschung, Strategien ... S. 92.
(123) P. MENCK: „Lehrerausbildung und ..." S. 18 - 29.
(124) H. BLANKERTZ: Curriculumforschung, Strategien ... S. 18.
(125) F. ACHTENHAGEN/H.L. MEYER: Curriculumrevision - Möglichkeiten und Grenzen. München 1971.
Bildung und Erziehung 1971 Heft 5 (Hrsg: von S.B. ROBINSOHN) Dieses Heft referiert den Stand der Curriculumdiskussion Ende 1971. Es ist inzwischen auch als Buch erschienen.
(126) H. v. HENTIG: ... Oberstufenkolleg. S. 7.
(127) H. v. HENTIG: „Curriculumreform als Gegenstand der Schule". In: Wirtschaft und Wissenschaft. 1970 S. 24.
(128) H. v. HENTIG: „Curriculumreform als ...". S. 24.
(129) H. v. HENTIG: „Wissenschaftsdidaktik" In: Wissenschaftsdidaktik, Sonderheft zu Neue Sammlung. 1970 S. 40.
(130) H. v. HENTIG: „Allgemeine Lernziele der Gesamtschule". In: Lernziele der Gesamtschule. Stuttgart 1969. S. 14.
(131) H. v. HENTIG: Allgemeine Lernziele der ...
(132) H. v. HENTIG: ... Oberstufenkolleg. S. 73.

(133) H. v. HENTIG: ... Oberstufenkolleg. S. 73.
(134) W. SCHMIED-KOWARZIK: „Kritische Anmerkungen zur deutschen Curriculumforschung". In: Pädagogische Rundschau. 1970 S. 537.
(135) H. v. HENTIG: Systemzwang und Selbstbestimmung. Stuttgart 1969. S. 156.
(136) H. v. HENTIG: ... Oberstufenkolleg. S. 12.
(137) H. v. HENTIG: ... Oberstufenkolleg. S. 13.
(138) H. v. HENTIG: ... Oberstufenkolleg. S. 13.
(139) H. v. HENTIG: ... Oberstufenkolleg. S. 12.
(140) H. v. HENTIG: „Curriculumreform als Gegenstand ..." S. 25.
(141) H. v. HENTIG: ... Oberstufenkolleg. S. 72.
(142) H. FRECH: „Innovatives Verhalten und Lehrerbildung". In: Bildung und Erziehung. 1972. S. 41 - 55.
DEUTSCHER BILDUNGSRAT: Empfehlungen der Bildungskommission: Strukturplan für das Bildungswesen. S. 220.
(143) H. v. HENTIG: ... Oberstufenkolleg. S. 67.
(144) H. BLANKERTZ: Curriculumforschung, Strategien ... S. 8.
(145) H. v. HENTIG: „Curriculumreform als Gegenstand ... S. 24.
(146) H. v. HENTIG: „Curriculumreform als Gegenstand ... S. 24.
(147) H. v. HENTIG: „Allgemeine Lernziele der ..."
(148) H. v. HENTIG: ... Oberstufenkolleg. S. 74.
(149) H. v. HENTIG: ... Oberstufenkolleg. S. 74.
(150) CHR. MÖLLER: Technik der Lernplanung. Weinheim 1969.
(151) H. v. HENTIG: ... Oberstufenkolleg. S. 75.
(152) H. v. HENTIG: „Curriculumreform als Gegenstand ..." S. 24.
(153) P. HEIMANN: „Didaktik als Theorie und Lehre" In: Die Deutsche Schule. 1962. S. 407 - 427.
Ders.: „Didaktik 1965". In: Unterricht - Analyse und Planung. S. 7 - 12.
(154) H. v. HENTIG: „Curriculumreform als Gegenstand ..." S. 24.
(155) H. v. HENTIG: ... Oberstufenkolleg. S. 78.
(156) H. v. HENTIG: ... Oberstufenkolleg. S. 77.
(157) H. v. HENTIG: ... Oberstufenkolleg. S. 76.
(158) H. v. HENTIG: ... Oberstufenkolleg. S. 53/53.
(159) FLECHSIG und seine Mitarbeiter (A. Garlichs, H.-D. Haller, Kl. Heipcke und H. Schlösser) arbeiteten zunächst an einem konkreten Forschungsprojekt (LOT-= lernzielorientierte Tests), dessen theoretisches Konzept sie im Jahre 1970 vorstellten. Dieser theoretische Ansatz geht davon aus, daß nicht nur die Entwicklung und Evaluation erfahrungswissenschaftlich aufgeklärt werden kann, sondern auch der Entscheidungsprozeß über Lernziele. Das in drei Phasen konzipierte Projekt (Phase der Informationsgewinnung, Phase der Entscheidung, Phase der Evaluierung von Tests wird nicht mehr fortgeführt, da die Autoren inzwischen aus Konstanz abwanderten. Haller gibt allerdings dem Ansatz auch keine politische Chance mehr; solange die Entscheidungen im politischen Raum fallen, kann die Wissenschaft diese Prozesse nur beschreiben, nicht aber entscheidend beeinflussen (Haller in einem Vortrag in Nürnberg, November 1973).
(160) K.H. FLECHSIG, u.a.: „Probleme der Entscheidung über Lernziele". In: Programmiertes Lernen, Unterrichtstechnologie und Unterrichtsforschung, pl. 1970 S. 2.
(161) K.H. FLECHSIG: „Die Bedeutung von Klassifikations- und Kriteriensystemen für die Auswahl von Curriculumelementen". In: Kriterien der Curriculumkonstruktion (Hrsg. K. Frey) Weinheim 1970 S. 27.
(162) K.H. FLECHSIG: u.a.: „Probleme der ..." S. 3.
(163) DEUTSCHER BILDUNGSRAT, Gutachten und Studien der Bildungskommission. Band 24. K.H. Flechsig/H.D. Haller: Entscheidungsprozesse in der Curriculumentwicklung. Stuttgart 1973.
(164) K.H. FLECHSIG/H.D. HALLER: Entscheidungsprozesse ... S. 112.

(165) K.H. FLECHSIG/H.D. HALLER: Entscheidungsprozesse ... S. 112.
(166) K.H. FLECHSIG/H.D. HALLER: Entscheidungsprozesse ... S. 113.
(167) K.H. FLECHSIG/H.D. HALLER: Entscheidungsprozesse ... S. 114/116.
(168) K.H. FLECHSIG/H.D. HALLER: Entscheidungsprozesse ... S. 117.
(169) K.H. FLECHSIG/H.D. HALLER: Entscheidungsprozesse ... S. 119 f.
(170) K.H. FLECHSIG/H.D. HALLER: Entscheidungsprozesse ... S. 116.
(171) K.H. FLECHSIG/H.D. HALLER: Entscheidungsprozesse ... S. 118.
(172) Vergl. hierzu: ANDERSON, Vernon. E.: Principles and Procedures of Curriculum Improvement. New York 1965.
(173) K.H. FLECHSIG/H.D. HALLER: Entscheidungsprozesse ... S. 119.
(174) H.L. MEYER: Einführung in die Curriculum-Methodologie. München 1972. S. 222.
(175) H. BLANKERTZ: Theorien und Modelle der Didaktik. S. 109.
(176) Vorbemerkung zu „Gutachten und Studien der Bildungskommission. Band 4 H. Roth: Begabung und Lernen. S. 2.
(177) DEUTSCHER BILDUNGSRAT, Empfehlungen der Bildungskommission: Strukturplan für das Bildungswesen. S. 15.
(178) Strukturplan ... S. 58.
(179) ZWISCHENBERICHT der Bund-Länder-Kommission. S. 77.
(180) Strukturplan ... S. 62.
(181) DEUTSCHER BILDUNGSRAT, Empfehlungen der Bildungskommission: Empfehlung zur Einrichtung von Schulversuchen mit Gesamtschulen. S. 83.
(182) Strukturplan ... S. 66.
(183) Strukturplan ... S. 67.
(184) BERICHT zur Bildungspolitik. 1970. S. 91.
(185) ZWISCHENBERICHT ... S. 77.
(186) ZWISCHENBERICHT ... S. 77.
(187) J. RASCHERT: „Kein Dialog zwischen Wissenschaft und Politik?" In: Bildung und Erziehung. 1972. S. 50.
(188) DEUTSCHER BILDUNGSRAT: Empfehlungen der Bildungskommission: Zur Reform von Organisation und Verwaltung im Bildungswesen, Tl. I: Verstärkte Selbständigkeit der Schule und Partizipation der Lehrer, Schüler und Eltern. Stuttgart 1973.
(189) H. MAIER: „Freiheit des Lehrers und Verantwortung des Staates. Bemerkungen zu einem neuen Plan". In Bayerische Staatszeitung und Bayerischer Staatsanzeiger. Nr. 27 vom 6. Juli 1073. S. 1/2.
(190) DEUTSCHER BILDUNGSRAT: Empfehlung ... Gesamtschulen. S. 126.
(191) Strukturplan ... S. 220.
(192) Strukturplan ... S. 215
(193) BERICHT zur Bildungspolitik. S. 51.
(194) BERICHT zur Bildungspolitik. S. 88.
(195) Vergl. hierzu neuere Tendenzen, wie sie in der Sondernummer zur Zeitschrift für Pädagogik (1973/Heft 3) unter dem Thema ‚Offene Curricula' zum Vorschein kommen.
(196) W. SACHS/CHR. SCHEILKE: „Folgeprobleme geschlossener Curricula". In: Zeitschrift für Pädagogik. 1973, S. 375 ff.
(197) H. v. HENTIG: „Allgemeine Lernziele der ...". S. 14.
(198) H. ROTH: „Die realistische Wende in der pädagogischen Forschung". In: Erziehungswissenschaft und Erziehungswirklichkeit (Hrsg. H. Röhrs). Frankfurt/M. 1964.
(199) H.D. HALLER: „Die Anwendung erfahrungswissenschaftlicher Prinzipien und Methoden auf Prozesse der Entscheidung über Lernziele". In: Europäisches Jahrbuch für pädagogische Forschung. 1970/71. Braunschweig 1971. S. 148 - 156.
(200) A. FISCHER: Erziehung als Beruf. Leipzig 1922.
(201) J.P. KOB: „Die Rollenproblematik des Lehrerberufs". In: Der Aufgabenkreis

der pädagogischen Soziologie (Hrsg. H. Röhrs) Frankfurt/M. 1971.
K. MOLLENHAUER: „Die Rollenproblematik des Lehrerberufs und die Bildung". In: Ders.: Erziehung und Emanzipation. München 1970.
(202) R. DREEBEN: The Nature of Teaching. Schools and Work of Teacher. Glenview/Ill. 1970.
(203) N.L. GAGE: „Theories of Teaching". In: Handbook of Research of Teaching. D.G. RYANS: Characteristics of Teachers. Their description, comparison, and appraisal. A research study. Washington 1967.
(204) G. HART: Teachers and the Learning Process.
(205) H.H. GROOTHOFF: Funktion und Rolle des Erziehers. München 1972. S. 16.
(206) BILDUNGSPOLITISCHE INFORMATIONEN (Hrsg. Hessischer Kultusminister) Diskussionsentwurf zur Neuordnung der Lehrerausbildung und Synopse. Wiesbaden 1971. S. 47.
(207) S.B. ROBINSOHN: „Zur Problematik der Curriculum-Entwicklung im internationalen Vergleich". S. 21.
(208) P. MENCK: „Lehrerausbildung und ...". S. 26 f.
(209) J. HABERMAS: Technik und Wissenschaft als ‚Ideologie'. S. 62.
(210) J. HABERMAS: Technik und ... S. 63.
(211) J. HABERMAS: Technik und ... S. 63/64: „Wir können anhand der beiden Handlungstypen gesellschaftliche Systeme danach unterscheiden, ob in ihnen zweckrationales Handeln oder Interaktion überwiegt ... Aber es gibt Subsysteme, wie ... das Wirtschaftssystem, in denen hauptsächlich Sätze von zweckrationalen Handlungen institutionalisiert sind. Auf der Gegenseite stehen Subsysteme, wie Familie und Verwandtschaft, die ... hauptsächlich auf moralischen Regeln der Interaktion beruhen".
(212) J. HABERMAS: Technik und ... S. 57.
(213) J. HABERMAS: Technik und ... S. 63.
(214) J. HABERMAS: Technik und ... S. 64.
(215) H. GLINZ: Linguistische Grundbegriffe. Bad Homburg v. d. H. 1970. S. 114.
(216) W. RÜEGG: Funkkolleg ‚Soziologie' S. 92.
(217) W. RÜEGG: Soziologie ... S. 92.
(218) H. v. HENTIG: Allgemeine Lernziele der ...
(219) H. BLANKERTZ: Fachdidaktische Curriculumforschung ... S. 12.
(220) P. FÜRSTENAU: „Neuere Entwicklungen der Bürokratieforschung und das Schulwesen". In: Zur Theorie der Schule (Fürstenau u.a.) Weinheim 1969. S. 51.
(221) H. KRÜGER: Professionalisierung und Innovation in pädagogischen Berufen". In: Erzieher ohne Status? (Hrsg. H. Lüdtke)
(222) P. FÜRSTENAU: „Neuere Entwicklungen der ..." S. 53.
(223) Vergl. hierzu W. ZIMMERMANN: Lehrplantheorie und Schulreform". In: Bildung und Erziehung 1971. S. 93.
(224) H. KRÜGER: „Professionalisierung und Innovation ..." S. 117.
(225) K. KRÜGER: „Professionalisierung und Innovation ..." S. 119.
(226) F. HUISKEN: Kritik der bürgerlichen Didaktik ... S. 204.
(227) F. HUISKEN: Kritik der bürgerlichen Didaktik ... S. 204.
(228) P. POSCH: „Lehrerberuf und Lehrermangel". In: Betrifft: erziehung 1969, H. 11, S. 26.
(229) F. HUISKEN: Zur Kritik bürgerlicher Didaktik ... S. 215.

Literaturverzeichnis

ACHTENHAGEN, Frank: „Bildungsreform als Revision des Curriculum. Kritischer Bericht zu dem gleichnamigen Buch von ROBINSOHN". In: Didactica. 3. Jg. 1969, S. 63 - 68.

ACHTENHAGEN, Frank / MENCK, Peter: „Langfristige Curriculumentwicklung und mittelfristige Curriculumforschung". In: Zeitschrift für Pädagogik. 16. Jg. 1970, S. 407 - 431.

ACHTENHAGEN, Frank / MEYER, Hilbert L. (Hrsg.): Curriculumrevision - Möglichkeiten und Grenzen. München 1971.

ANDERSON, Vernon E.: Principles and Procedures of Curriculum Improvement. New York 1965.

BEAUCHAMP, George A. / BEAUCHAMP, Kathryn E.: Comparative analysis of curriculum systems. Wilmette, Ill. 1967.

BEAUCHAMP, George A.: „Theoretische Diskussionen der Curriculum-Konstruktion". In: Bildung und Erziehung. 24. Jg. 1971, S. 401 - 406.

BECKER, Egon / JUNGBLUT, Gerd: Strategien der Bildungsproduktion. Eine Untersuchung über Bildungsökonomie, Curriculum-Entwicklung und Didaktik im Rahmen systemkonformer Qualifikationsplanung. Frankfurt/M. 1972.

BECKER, Hellmut: Bildungsforschung und Bildungsplanung. Frankfurt 1971.

BECKMANN, Hans Karl: Zur Reform des pädagogischen Studiums und der Lehrerbildung. Weinheim 1968.

BEEBY, Clarence / BEEBY, Edward (ed.): Qualitative Aspects of Educational Planning. Paris 1969.

Bericht zur Bildungspolitik: Bericht der Bundesregierung der BRD. Bonn 1970.

BERNFELD, Siegfried: Sisyphos oder: Die Grenzen der Erziehung. (Nachdruck). Frankfurt/M. 1967.

Bildungspolitische Informationen 1 B/71 (Hrsg.: Der Hessische Kultusminister): Diskussionsentwurf zur Neuordnung der Lehrerausbildung und Synopse. Wiesbaden 1971.

„Bildungsreform als Revision des Curriculum. Ein Interview mit Paul B. ROBINSOHN über den Stand der Curriculumforschung". In: Wirtschaft und Wissenschaft. 17. Jg. 1969, S. 16 - 20.

BLANKERTZ, Herwig (1969): Theorien und Modelle der Didaktik. München 1969.

BLANKERTZ, Herwig (1970): „Lehrplantheorie und Curriculumforschung". In: Der Deutschunterricht. 22. Jg. 1970, S. 7 - 32.

BLANKERTZ, Herwig (1971) Hrsg.): Curriculumforschung, Strategien, Strukturierung, Konstruktion. Essen 1971.

BLANKERTZ, Herwig (1973): Fachdidaktische Curriculumforschung. Strukturansätze für Geschichte, Deutsch, Biologie. Essen 1973.

BLOOM, Benjamin S. (ed.): Taxonomy of Educational Objectives. The Classification of Educational Goals. Handbook I: Cognitive Domain. New York 1956.

BOKELMANN, Hans: „Curriculumwissenschaft - Euphorie oder Innovation". In: Zeitschrift für Pädagogik. 19. Jg. 1973, S. 453 - 474.

BREYVOGEL, Wilfried: „Die Didaktik der ‚Berliner Schule' - kritisiert". In: Betrifft erziehung. 5. Jg. 1972, S. 19 - 32.

BREZINKA, Wolfgang: Der Erzieher und seine Aufgaben. Stuttgart 1966.
BROUDY, H.S., et al.: Democracy and Excellence in American Secondary Education. Chicago 1964.
BRÜGELMANN, Hans: „Die englischen Teachers 's Centres". In: Die Deutsche Schule. 64. Jg. 1972, S. 534 - 546.
BRUNER, Jerome S. (1970a): „Gedanken zu einer Theorie des Unterrichts". In: Unterrichtsforschung und didaktische Theorie. (Hrsg. Günther DOHMEN, Friedemann MAURER und Walter POPP). München 1970, S. 188 - 218).
BRUNER, Jerome S. (1970b): Der Prozeß der Erziehung. (Deutsche Übersetzung des amerikanischen Werkes The Process of Education). Berlin, Düsseldorf 1970.
CANE, Brian / SCHROEDER, Colin: The Teacher and Research. London 1970.
COOMBS, Philipp (1969): „Time for Change of Strategy". In: Qualitative Aspects of Educational Planning (ed.: C.E. BEEBY). Paris 1969.
COOMBS, Philipp (1970): What is Educational Planning? International Institut for Educational Planning.
CUBE, Felix v.: Kybernetische Grundlagen des Lernens und Lehrens. Stuttgart 1968.
DAHMER, Ilse / KLAFKI, Wolfgang (Hrsg.): Geisteswissenschaftliche Pädagogik am Ausgang ihrer Epoche - Erich WENIGER. Weinheim und Berlin 1968.
DAHRENDORF, Ralf: „Bildung ist Bürgerrecht". In: „Die Zeit" - Bücher S. 16 - 20. Hamburg 1965.
DEHM, Mechthild: „Prämissen und Postulate der Kritischen Theorie in der Praxis erziehungswissenschaftlicher Forschung". In: Bildung und Erziehung. 25. Jg. 1972, S. 57 - 67.
DEUTSCHER BILDUNGSRAT (1969a): Gutachten und Studien der Bildungskommission, Band 4. Heinrich ROTH (Hrsg.): Begabung und Lernen. Stuttgart 1969.
DEUTSCHER BILDUNGSRAT (1969b): Gutachten und Studien der Bildungskommission, Band 12. Lernziele der Gesamtschule. Stuttgart 1969.
DEUTSCHER BILDUNGSRAT (1970): Empfehlungen der Bildungskommission. Einrichtung von Schulversuchen mit Gesamtschulen. Stuttgart 1970. S. 283 - 435.
DEUTSCHER BILDUNGSRAT (1971): Empfehlungen der Bildungkommission. Strukturplan für das Bildungswesen. Stuttgart[3] 1971.
DEUTSCHER BILDUNGSRAT (1973a): Gutachten und Studien der Bildungskommission, Band 24. Karl-Heinz FLECHSIG - Hans-Dieter HALLER: Entscheidungsprozesse in der Curriculumentwicklung. Stuttgart 1973.
DEUTSCHER BILDUNGSRAT (1973b): Empfehlungen der Bildungskommission. Zur Reform von Organisation und Verwaltung im Bildungswesen, Tl. I: Verstärkte Selbständigkeit der Schule und Partizipation der Lehrer, Schüler und Eltern. Stuttgart 1973.
DÖRING, Klaus W.: Lehrerverhalten und Lehrerberuf. Weinheim 1970.
DOLCH, Josef: Lehrplan des Abendlandes - zweieinhalb Jahrtausende seiner Geschichte. Ratingen[2] 1965.
DOLL, Ronald C.: Curriculum Improvement - Decision Making and Process. Boston 1964.
DREEBEN, Robert: The nature of teachung. Schools and the work of teacher. Glenview/Ill. 1970.
EDDING, Friedrich / JENSEN, Stephan / ULSHÖFER, Helgard: Internationales Seminar über Bildungsplanung Berlin 19. - 28. Okt. 1966, Referate und Diskussionen. Berlin 1967.
EDDING, Friedrich: Auf dem Wege zur Bildungsplanung. Braunschweig 1970.
EDELSTEIN, Wolfgang (1963): „Lernen durch Verstehen". In: Neue Sammlung. 3. Jg. 1963, S. 65 - 84.
EDELSTEIN, Wolfgang (1966): „Chancengleichheit ohne Schulreform". In: Neue Sammlung 6. Jg. 1966, S. 627 - 637.
EGGLESTON, John S.: „The Role of the Professional Educator". In: Europäisches Jahrbuch für Pädagogische Forschung 1969. Braunschweig 1970.
EISS, Albert F.: Evaluation of Instructional Systems. New York, London, Paris, 1970.

ELAM, S.: Education and the Structure of Knowledge. Chicago 1964.
ELBERS, Doris: „Curriculumentwicklung in den USA." In: Betrifft. erziehung. 4. Jg. 1971, S. 22 - 27.
FISCHER, Alois: Erziehung als Beruf. Leipzig 1922.
FLECHSIG, Karl-Heinz u.a. (1970 a): „Probleme der Entscheidung über Lernziele (Begründung und Aufriß des Forschungsplans zum LOT-Projekt)". In: Programmiertes Lernen, Unterrichtstechnologie und Unterrichtsforschung, pl. 7. Jg. 1970, S. 1 - 32.
FLECHSIG, Karl-Heinz (1970 b): „Die Bedeutung von Klassifikations- und Kriteriensystemen für die Auswahl von Curriculumelementen". In: Kriterien in der Curriculumkonstruktion (Hrs. K. FREY). Weinheim 1970, S. 25 - 45.
FLECHSIG, Karl-Heinz (1970 c): „Die technologische Wende in der Didaktik". In: Unterrichtsforschung und didaktische Theorie (Hrsg. Günther DOHMEN, Friedemann MAURER, Walter POPP). München 1970, S. 243 - 262.
FLECHSIG, Karl-Heinz, u.a. (1972 a): „Ein erfahrungswissenschaftlich-entscheidungstheoretischer Ansatz einer Theorie der Curriculumentwicklung". In: Realistische Erziehungswissenschaft, Festschrift für Heinrich ROTH. Hannover und Berlin 1972, S. 89 - 138.
FLECHSIG, Karl-Heinz (1972 b): „Bildungstechnologie und Curriculumentwicklung". In: Programmiertes Lernen, Unterrichtstechnologie und Unterrichtsforschung, pl. 9. Jg. 1972, S. 120 - 137.
FORD, G.W. / PUGNO, Lawrence (Hrsg.): Wissensstruktur und Curriculum (dt. Übersetzung von ‚The Structure of Knowledge and the Curriculum'). Düsseldorf 1972.
FRECH, Hartmut: „Innovatives Verhalten und Lehrerbildung". In: Bildung und Erziehung. 25. Jg. 1972, S. 41 - 55.
FREY, Karl (1969 a): „Verfahren zur Lehrplan- und Schulsystemreform". In: Schweizerische Lehrerzeitung. 114. Jg. 1969, S. 912 - 918.
FREY, Karl (1969 b): „Das Curriculum im Rahmen der Bildungsplanung und Unterrichtsvorbereitung". In: Die deutsche Schule. 61. Jg. 1969, S. 270 - 282.
FREY, Karl et. al. (1971 a): „Eine Handlungsstrategie zur Curriculumkonstruktion". In: Zeitschrift für Pädagogik. 17. Jg. 1971, S. 11 - 29.
FREY, Karl (1971 b) (Hrsg.): Kriterien der Curriculumkonstruktion. Weinheim, Berlin, Basel 1971.
FREY, Karl (1971 c): Theorien des Curriculums. Weinheim 1971.
FROST, Joe L. / LOWLAND, G. Thomas: Curricula for the Seventies. Early Childhood through early Adolescence. Bonston 1969.
FÜRSTENAU, Peter (1969 a): „Zur Psychoanalyse der Schule als Institution". In: Zur Theorie der Schule, Pädagogisches Zentrum Veröffentlichung. Reihe B: Diskussionsbeiträge, Band 10. Weinheim 1969, S. 9 - 25.
FÜRSTENAU, Peter (1969 b): „Neuere Entwicklungen der Bürokratieforschung und das Schulwesen. Ein organisationssoziologischer Beitrag". In: Zur Theorie der Schule. Pädagogisches Zentrum Veröffentlichungen. Reihe B: Diskussionsbeiträge, Band 10. Weinheim 1969, S. 47 - 66.
GAGE, Nathaniel L. (ed.) (1967): Handbook of research on Teaching. Chicago 1967.
GAGE, Nathaniel L. (1971): „Theories of Teaching". In: Teacher and the Learning Process. (Hrsg. Robert D. STROM). New Jersey 1971.
GAGNE, Robert M.: Die Bedingungen des menschlichen Lernens. Hannover 1969.
GLINZ, Hans: Linguistische Grundbegriffe und Methodenüberblick. Bad Homburg v.d.H. 1970.
GROOTHOFF, Hans-Hermann: Funktion und Rolle des Erziehers. München 1972.
GROSS, Eberhard (1968): „Erziehung im Dienste des Establishment. Bemerkungen zum Gesellschaftsbild unserer Lehrpläne". In: Westermanns Pädagogische Beiträge. 20. Jg. 1968, S. 20 - 25.
GROSS, Eberhard (1970): „Soziologische Perspektiven der Lehrplanreform". In:

J. SPECK (Hrsg.): Probleme der Curriculum-Forschung. Münster 1970, S. 162 - 173.

HABERMAS, Jürgen (1965): Theorie und Praxis. Frankfurt/M. 1965.

HABERMAS, Jürgen (1969): Technik und Wissenschaft als ,Ideologie'. Frankfurt/M. 2 1969.

HACKER, Friedrich: „Planungsfreunde und Planungswiderstand". In: Der Griff nach der Zukunft. (Hrsg. Robert JUNG und Hans Josef MUNDT). München, Wien, Basel 164, S. 455 - 484.

HALBFAS, Hubertus: „Didaktik als Aufklärung". In: Unterrichtsforschung und didaktische Theorie (Hrsg. Günther DOHMEN, Friedemann MAURER, Walter POPP). München 1970, S. 263 - 286.

HALLER, Hans-Dieter (1971 a): „Die Situation der Lehrplanentwicklung im Bereich der Elementarerziehung". In: Zeitschrift für Pädagogik, 9. Beiheft. Weinheim 1971, S. 85 - 97.

HALLER, Hans-Dieter (1971 b): „Die Anwendung erfahrungswissenschaftlicher Prinzipien und Methoden auf Prozesse der Entscheidung über Lernziele". In: Europäisches Jahrbuch für pädagogische Forschung 1970/71. Braunschweig 1971, S. 148 - 156.

HASELOFF, Otto W.: „Probleme der empirischen Bewährungsprüfung von Erziehungszielen". In: Schule und Erziehung. (Hrsg.: O.W. HASELOFF / H. STACHOWIAK). Berlin 1960.

HASS, Glenn; WILES, Kimball; BONDI , Joseph (ed.): Readings in Curriculum. Boston 2 1970.

HECKHAUSEN, Heinz u.a.: Lehrer 1980. Lehrerbildung für die künftige Schule. Düsseldorf 1970.

HEIMANN, Paul: „Didaktik als Theorie und Lehre". In: Die Deutsche Schule. 54. Jg. 1962, S. 407 - 427.

HEIMANN, Paul / Otto, G. / SCHULZ, Wolfgang: Unterricht-Analyse und Planung. Hannover 5 1970.

HEIPKE, Klaus: „Zur Theorie lernzielorientierter Tests - curriculare Entscheidungen und lernzielorientierte Tests". In: Zeitschrift für erziehungswissenschaftliche Forschung. 1972, S. 69 - 91.

HENTIG, Hartmut v. (1963): „Der Beruf des Lehrers". In: Neue Sammlung. 3. Jg. 1963, S. 216 - 235.

HENTIG, Hartmut v. (1965 a): Die Schule im Regelkreis. Stuttgart 1965.

HENTIG, Hartmut v. (1965 b): „Die politische Rolle des Lehrers". In: Pädagogische Arbeitsblätter. 17. Jg. 1965, S. 151 - 156.

HENTIG, Hartmut v. (1969): Systemzwang und Selbstbestimmung. Stuttgart 1969.

HENTIG, Hartmut v. (1970): „Curriculumforschung als Gegenstand der Schule". In: Wirtschaft und Wissenschaft. 18. Jg. 1970, S. 23 - 28.

HENTIG, Hartmut v. (1971): Das Bielefelder Oberstufenkolleg. Stuttgart 1971.

HESSE, Hans Albert: „Curriculumforschung in soziologischer Sicht". In: Die Deutsche Berufs- und Fachschule. 1970, S. 21 - 34.

HESSE, Hans Albrecht / MANZ, Wolfgang: Einführung in die Curriculumforschung. Stuttgart 1972.

HUBER, Ludwig: „Curriculumentwicklung und Lehrerfortbildung in der BRD". In: Neue Sammlung. 11. Jg. 1971, S. 109 - 145.

HÜFNER, Klaus / NAUMANN, Jens (Hrsg.) (1969): Bildungsökonomie - eine Zwischenbilanz. Economics of Education in Transition. Stuttgart 1969.

HÜFNER, Klaus / NAUMANN, Jens (Hrsg.) (1971): Bildungsplanung: Ansätze, Modelle, Probleme. Stuttgart 1971.

HUHSE, Klaus: Theorie und Praxis der Curriculumentwicklung. Ein Bericht über Wege der Curriculum-Reform in USA mit Ausblicken auf Schweden und England. Studien und Berichte, Bd. 13. Berlin 1968.

HUISKEN, Freerk: Zur Kritik bürgerlicher Didaktik und Bildungsökonomie. München 1972.

HUSEN, Torsten: „Curriculum Research in Sweden". In: International Review of Education. Vol. 11 1965, p. 189 - 208.
JENSEN, Stephan: Bildungsplanung als Systemtheorie. Bielefeld 1970.
KELL, Adolf: „Die Abhängigkeit bildungsökonomischer Forschung vom jeweiligen Wirtschaftssystem". In: Zeitschrift für Pädagogik. 18. Jg. 1972, S. 1 - 23.
KLAFKI, Wolfgang (1961): „Die didaktischen Prinzipien des Elementaren, Fundamentalen und Exemplarischen". In: Handbuch für Lehrer, Band 2. Gütersloh 1961, S. 120 - 139.
KLAFKI, Wolfgang (1965): Studien zur Bildungstheorie und Didaktik. Weinheim 7 1965.
KLAFKI, Wolfgang / LINGELBACH, Carl Christoph / NICKLAS, Hans W. (Hrsg.): Probleme der Curriculumentwicklung. Entwürfe und Reflexionen. Frankfurt/M. 1972.
KNAB, Doris (1969 a): „Lehrer und Lehrplan". In: Geschichte in Wissenschaft und Unterricht. 20. Jg. 1969, S. 791 - 801.
KNAB, Doris (1969 b): „Curriculumforschung und Lehrplanreform". In: Neue Sammlung. 9. Jg. 1969, S. 169 - 185.
KNAB, Doris (1969 c): „Konsequenzen der Curriculumproblematik im Hinblick auf die Curriculumforschung und Lehrplanentwicklung in der Bundesrepublik". In: Probleme der Curriculum-Forschung (Hrsg. Josef SPECK). Münster 1969.
KNAB, Doris (1971): „Ansätze zur Curriculumreform in der BRD". In: Betrifft: erziehung. 4. Jg. 1971, Heft 2, S. 15 - 28.
KOB, Jan-Peter: „Die Rollenproblematik des Lehrerberufs". In: Der Aufgabenkreis der pädagogischen Soziologie (Hrsg. H. RÖHRS). Frankfurt/M. 1971.
KRÜGER, Helga: „Die Professionalisierung und Innovation in pädagogischen Berufen". In: Erzieher ohne Status? (Hrsg. Hartmut LÜDTKE). Heidelberg 1973, S. 110 - 130.
KUPFFER, Heinrich: „Das fragwürdige Erzieherbild der deutschen Pädagogik". In: Die Deutsche Schule. 61. Jg. 1969, S. 197 - 206.
LAUWERYS, Joseph A. (ed.): Teachers anf Teaching. London 1969.
LEEPER, Robert R. (Hrsg.): Curriculum decisions - social realities. Washington 1968.
LENK, Kurt: „Aspekte der gegenwärtigen Planungsdiskussion in der Bundesrepublik". In: Politische Vierteljahresschrift. 7. Jg. 1966, S. 364 - 376.
LENZEN, Dieter: „Taxonomische Ansätze in der Curriculumkonstruktion. Skizzierung und Kritik". In: Bildung und Erziehung. 24. Jg. 1971, S. 342 - 350.
MAGER, Robert F.: Lernziele und programmierter Unterricht (mit einem Vorwort von W. SCHULZ). Weinheim 9 1969.
MAIER, Hans: „Freiheit des Lehrers und Verantwortung des Staates. Bemerkungen zu einem neuen Plan". In: Bayerische Staatszeitung Nr. 27, 6. Juli 1973, S. 1 und 2.
McFADDEN, Dennis / SCHENK, Allen: „Teacher Performance". In: Planned Change in Education (ed. by: David S. BUSHNELL / Donald RAPPAPORT). New York 1971, p. 63 - 77.
MENCK, Peter (1971): „Voraussetzungen der Entwicklung von Curricula". In: Bildung und Erziehung. 24. Jg. 1971. S. 366 - 371.
MENCK, Peter (1972 a): „Lehrerausbildung und Curriculumentwicklung". In: Bildung und Erziehung. 25. Jg. 1972, S. 18 - 29.
MENCK, Peter (1972 b): „Planung und Individuum. Wissenschaftstheoretische Vorüberlegungen zur Bildungs- und Unterrichtsplanung". In: Zeitschrift für Pädagogik. 18. Jg. 1972, S. 75 - 82.
MENZE, Clemens: „Überlegungen zur Anwendungsmöglichkeit der Entscheidungslogik auf die Curriculum-Konstruktion". In: Curriculumrevision - Möglichkeiten und Grenzen (Hrsg. F. ACHTENHAGEN / H.L. MEYER). München 1971, S. 133 - 158.
MEYER, Ernst: „Lehrer und Lehrergruppen in ihrer unterrichtlichen Funktion.

Unterrichten als vieldimensionale Faktorenkomplexion". In: Unterricht heute. 21. Jg. 1970, S. 249 - 259.
MEYER, Hilbert.: Einführung in die Curriculum-Methodologie. München 1972.
MÖLLER, Christine: Technik der Lernplanung. Weinheim 1969.
MOLLENHAUER, Klaus: „Die Rollenproblematik des Lehrerberufs und die Bildung". In: Erziehung und Emanzipation. München 1968, S. 75 - 96.
MORRISON, A. / McINTYRE, D.: Teachers and Teaching. Hermandwoodhole 1969.
MUSGROVE, Frank / TAYLOR, Philip H.: Society and the Teacher's Role. London 1969.
NAUMANN, Jens (Hrsg.): Forschungsökonomie und Forschungspolitik. Ausgewählte amerikanische Beiträge. Stuttgart 1970.
NIEMANN, Hans-Jürgen: Der Lehrer und sein Beruf. Dimensionsanalytische Einstellungsuntersuchung. Weinheim 1970.
NIPKOW, Karl-Ernst (1971 a): „Beruf und Person des Lehrers - Überlegungen zu einer pädagogischen Theorie des Lehrers". In: BETZEN / NIPKOW (Hrsg.): Der Lehrer in Schule und Gesellschaft. München 1971, S. 113 - 139.
NIPKOW, Karl-Ernst (1971 b): „Curriculumdiskussion". In: Zeitschrift für Pädagogik. 17. Jg. 1971, S. 1 - 10.
PARKER, Cecil J. / RUBIN, Louis J.: Process as Content - Curriculumdesign and the Application of Knowledge. Chicago 1969.
PICHT, Georg: Die deutsche Bildungskatastrophe. Olten und Freiburg 1964.
POSCH, Peter (1967): Der Lehrermangel. Weinheim 1967.
POSCH, Peter (1969): „Lehrberuf und Lehrermangel". In: Betrifft: erziehung. 2. Jg. 1969, Heft 11, S. 25 - 28.
PREUSS, Harald: „Reform der Schule nicht ohne Reform der Lehrerausbildung". In: Gesamtschule. 4. Jg. 1972, S. 16 - 19.
RASCHERT, Jürgen: „Kein Dialog zwischen Wissenschaft und Politik? In: Bildung und Erziehung. 25. Jg. 1972, S. 50 - 57.
Reform von Bildungsplänen. Grundlagen und Möglichkeiten. (Herausgegeben vom Leiter des Hessischen Lehrerfortbildungswerks). Frankfurt/M. 1969.
RICHMOND, William K.: The School Curriculum. London 1971.
RITTEL, Horst: „Zur wissenschaftlichen und politischen Bedeutung der Entscheidungstheorie". In: Forschungsplanung (Hrsg. KRAUCH).
ROBINSOHN, Saul B. (1967): Bildungsreform als Revision des Curriculum. Neuwied 1967.
ROBINSOHN, Saul B. (1969 a): „Ein Strukturkonzept für Curriculum-Entwicklung". In: Zeitschrift für Pädagogik. 15. Jg. 1969, S. 631 - 653.
ROBINSOHN, Saul B. (1969 b): „Zur Problematik der Curriculumentwicklung im internationalen Vergleich". In: Probleme der Curriculumforschung (Hrsg. Josef SPECK). Münster 1969, S. 9 - 22.
ROBINSOHN, Saul B. (1971): „Zur gegenwärtigen Curriculumdiskussion. Eine Einführung. In: Bildung und Erziehung. 24. Jg. 1971, S. 321 - 326.
ROBINSOHN, Saul B. (1972): „Innovation im Erziehungswesen und ein Curriculum für Lehrerbildung". In: Bildung und Erziehung. 25. Jg. 1972, S. 3 - 17.
RÖHRS, Hermann: „Stellung und Aufgaben des Lehrers in unserer Zeit". In: Erziehung in einer ökonomisch-technischen Welt (Hrsg.: Johannes BAUMGARDT). Freiburg i. Br. 1967, S. 168 - 180.
ROLFF, Hans-G.: Bildungsplanung als rollende Reform. Frankfurt/M. 1970.
ROTH, Heinrich (1964): „Die realistische Wendung in der pädagogischen Forschung". In: Erziehungswissenschaft und Erziehungswirklichkeit (Hrsg. H. RÖHRS). Frankfurt/M. 1964.
ROTH, Heinrich (1968): „Stimmen die deutschen Lehrpläne noch? Die kommende Revolution der Inhalte". In: Die Deutsche Schule. 60. Jg. 1968, S. 69 - 76.
RÜEGG, Walter: Soziologie (Funkkolleg). Frankfurt/M. [4] 1971.
RYANS, David G. (1960): „Prediction of teacher effectiveness". In: C.W. HARRIS (ed.): Encyclopedia of educational research. New York 1960/3, p. 1485 - 1491.

RYANS, David G. (1967): Characteristics of teachers. Their description, comparison, and appraisal. A research study. Washington 1967.
SACHS, Wolfgang / SCHEILKE, Christoph Th.: „Folgeprobleme geschlossener Curricula". In: Zeitschrift für Pädagogik. 19. Jg. 1973, S. 375 - 390.
SANTINI, Bruno: Das Curriculum im Urteil der Lehrer. Eine empirische Untersuchung. Weinheim, Basel 1971.
SAYLOR, J. Galen / ALEXANDER, William M.: Curriculum Planning for Modern Schools. New York 1954.
SCHMIED-KOWARZIK, Wolfdietrich: „Kritische Anmerkungen zur deutschen Curriculumforschung". In: Pädagogische Rundschau. 24. Jg. 1970, S. 519 - 548.
SCHULLER, Alexander (Hrsg.): Lehrerrolle im Wandel, Weinheim 1971.
SCHULZ, Wolfgang (1969): „Umriß einer didaktischen Theorie der Schule". In: Die Deutsche Schule. 61. Jg. 1969, S. 61 - 72.
SCHULZ, Wolfgang (1970 a): „Aufgaben der Didaktik. Eine Darstellung aus lerntheoretischer Sicht". In: Allgemeine Didaktik - Fachdidaktik - Fachwissenschaft. (Hrsg. Detlev C. KOCHAN). Darmstadt 1970, S. 403 - 440.
SCHULZ, Wolfgang (1970 b): „Der Lehrer im Medienverbund". In: Betrifft: erziehung. 3. Jg. 1970, Heft 6, S. 20 - 25.
SCHULZ, Wolfgang (1972): „Die Didaktik der ‚Berliner Schule' - revidiert". In: Betrifft: erziehung. 5. Jg. 1972, S. 19 - 32.
SCHULZ, Wolfgang / THOMAS, Helga: Schulorganisation und Unterricht. Heidelberg 1967.
STRITTMATTER, Peter: „Entscheidungen über Lernziele an der ‚Basis' - entscheidungstheoretische Grundlagen - Ein Diskussionsbeitrag -". In: Programmiertes Lernen, Unterrichtstechnologie und Unterrichtsforschung, pl. 9. Jg. 1972, S. 1 - 6.
STROM, Robert D.: Teachers and the learning Process. Englewood Cliffs, New Jersey 1971.
TABA, Hilda: Curriculum Development - Theory and Practice. New York 1962.
THOMAS, Helga / THOMAS, Friedrich: „Funktionale Veränderungen der Schule und ihre Bedeutung für den Lehrer". In: BETZEN / NIPKOW (Hrsg): Der Lehrer in Schule und Gesellschaft. München 1971, S. 201 - 221.
THOMAS, J.: Teachers for the schools of tomorrow. Paris 1968.
TYLER, Ralph Winfred: Basic Principles of Curriculum and Instruction. Chicago 1969.
VOGT, Hartmut: Bildung und Erziehung in der DDR. Sozialistisch-industriegesellschaftliche Curriculumforschung in Kindergarten, Schule und Berufsbildung. Stuttgart 1970.
WEHLE, Gerhard: Bildungsplanung. Begriff - Tendenzen - Methoden. Münster 1968.
WEIHNACHT, Paul-Ludwig: Bildungsforschung, Bildungsplanung, Bildungspolitik. München 1969.
WEIZSÄCKER, Christian v.: „Vorläufige Gedanken zur Theorie der Manpower-Bedarfsschätzung". In: Bildungsökonomie - eine Zwischenbilanz. (Hrsg.: HÜFNER / NAUMANN), Stuttgart 1969, S. 155 - 166.
WELLENDORF, Franz: „Ansätze zur erziehungswissenschaftlichen Theoriebildung in der BRD". In: Erziehungswissenschaft als Gesellschaftswissenschaft. Probleme und Ansätze. (GOLDSCHMIDT, Dietrich u.a.). Heidelberg[2] 1973.
WENIGER, Erich: Didaktik als Bildungslehre, Teil 1: Die Theorie des Bildungsinhaltes und des Lehrplans. Weinheim 1956.
WHEELER, D.K.: Curriculum Process. London 1967.
WIDMAYER, Hans Peter: Bildungsplan. Ansätze zu einer rationalen Bildungspolitik. Stuttgart 1966.
ZIECHMANN, Jürgen: Curriculum-Konstruktion. Bad Heilbrunn 1972.
ZIMMER, Jürgen (1967): „Toleranz und Herrschaft. Konsequenzen für einen revidierten Bildungs-Kanon". In: Toleranz im Weltbild der Volksschule. (Herausgegeben vom Deutschen Unesco-Institut). Köln 1967.

ZIMMER, Jürgen (1969 a): „Zur Bedeutung der Humanwissenschaften für die Curriculumforschung und -entwicklung". In: Reform von Bildungsplänen. Frankfurt/M. 1969, S. 41 - 53.
ZIMMER, Jürgen (1969 b): „Curriculumforschung: Chance zur Demokratisierung der Lehrpläne". In: Didactica. 3. Jg. 1969, S. 32 - 51.
ZIMMERMANN, Werner: „Lehrplantheorie und Schulreform". In: Bildung und Erziehung. 24. Jg. 1971, S. 81 - 96.
Zwischenbericht der Bund-Länder-Kommission für Bildungsplanung vom 18. Oktober 1971 (K 111/71 - Band I, II F/S. 3 - 5). Auszug in: Bildung und Erziehung. 25. Jg. 1972, S. 77 - 78.